Der Paketfilter bei OpenWrt

Mathias Weidner

Der Paketfilter bei OpenWrt

Mathias Weidner

ISBN 978-1542690645

Aktuelle Informationen zu diesem Buch finden sich unter
http://buecher.mamawe.net/.

Ebenfalls von Mathias Weidner

Linux headless

Fehlersuche bei Linux Servern und Netzwerken

Using the Leanpub API with Perl

Inhaltsverzeichnis

Vorwort

2012 schrieb ich an einem Buch über Einplatinenrechner und was man mit diesen und Linux anstellen kann.

Dafür beschäftigte ich mich unter anderem auch mit OpenWrt und stellte fest, dass ich mit dem Paketfilter von OpenWrt nichts anfangen konnte, weil ich durch die Vielzahl der Regelketten verwirrt war.

Ich fand damals keine geeignete Dokumentation, die mir die Zusammenhänge darlegte und beschloss kurzerhand, es selbst herauszufinden. Meine Erkenntnisse hielt ich in einem Kapitel des Buches, an dem ich gerade schrieb, fest. Außerdem veröffentlichte ich die Erkenntnisse auf meiner Website und stellte im Laufe der Zeit fest, dass diese Seiten zu den am häufigsten besuchten gehören. Auch aus Anfragen auf Stack Exchange konnte ich entnehmen, dass immer noch Interesse an diesem Thema besteht.

Also beschloß ich, mich diesem Thema erneut zu widmen, wobei ich dieses mal mehr Gewicht auf den Aspekt Firewall und weniger auf Betriebssystem und Hardware lege.

Dabei stellte ich fest, dass meine damaligen Erkenntnisse bei der aktuellen Version von OpenWrt nur noch bedingt von Nutzen sind. Deshalb beschreibe ich im Anhang, wie ich mir die Kenntnisse erarbeitet habe, so dass dieses Buch auch in ein paar Jahren hoffentlich noch nützlich ist.

Wie ist das Buch aufgebaut

Es gibt vier Hauptteile.

Im **ersten** Teil widme ich mich allgemeinen Fragen. Was kann ich mit OpenWrt machen und was nicht? Welche Vor- und Nachteile hat OpenWrt gegenüber anderen Systemen? Im wesentlichen also Fragen, die interessant sind, bevor ich mich für OpenWrt entscheide.

Im **zweiten** Teil wird es spezieller. Das Buch behandelt Netzwerk-Paketfilter und um diese effektiv einzusetzen, muss ich einige Grundlagen über IP-Netzwerke wissen. Die wichtigsten Netzwerkthemen, wie IPv4, IPv6, ICMP und NAT betrachte ich aus

dem Blickwinkel des Firewall-Administrators. Die Themen dieses Teiles sind relevant
für jede Art von Paketfilter-Firewall, nicht nur für Linux und OpenWrt.

Im **dritten** Teil geht es mitten hinein in das Thema des Buches. Die Beschreibung
des Netfilter-Systems, der weiteren Kernel-Unterstützung für Firewalls und der
zugehörigen Userspace-Programme ist noch übertragbar auf andere Linux-Systeme
mit *iptables*. Ganz spezifisch auf OpenWrt zugeschnitten sind die Kapitel über das
Modell der Regelketten sowie die Konfiguration mit LuCI und UCI. Die neue *nftables*
Firewall bleibt noch außen vor. Wer daran interessiert ist, findet in [ctSchoeler2014]
einen Einstieg in das Thema und im OpenWrt-Wiki[1] Informationen zum Stand der
Integration.

Im **vierten** Teil geht es um praktische Fragen und Rezepte für spezielle Probleme.
Wie ermittle ich überhaupt meine persönlichen Anforderungen? Wie wähle ich
die Hardware und Software aus? Wie härte und aktualisiere ich das System? Wie
teste, überwache und dokumentiere ich die Firewall? Dieser Teil enthält schnell
nachzuschlagende Lösungen für spezifische Probleme und ist auch ohne die Kenntnis
der anderen Teile verwendbar. Um die Rezepte an geänderte Aufgabenstellungen
oder Umgebungen anzupassen sind die Informationen aus den Teilen zwei und drei
jedoch nützlich.

Bei der Arbeit an diesem Buch habe ich festgestellt, dass das im anderen Buch
vorgestellte Modell der Regelketten nicht mehr auf die aktuelle Version von OpenWrt
zutrifft. Aus diesem Grund habe ich im Anhang dargelegt, wie ich das Modell aus den
Paketfilterregeln herausgearbeitet habe. Damit, so hoffe ich, bleibt das Buch noch
aktuell, wenn sich die Regelketten bei OpenWrt wieder geändert haben. Außerdem
lassen sich auf diese Art auch andere Paketfilter, die Linux und *iptables* nutzen,
analysieren.

Zur Schreibweise

Für Eingaben auf der Kommandozeile sowie für Auszüge aus Konfigurationsdateien
verwende ich eine `dicktengleiche Schrift`. Diese verwende ich auch im Fließtext,
wenn ich Optionen oder Befehle wortgetreu schreibe. Begriffe, die mit $ eingeleitet
werden, wie zum Beispiel `$addr` stehen für variable Angaben, die je nach Kontext
ersetzt werden müssen.

Ansonsten verwende ich *kursive Schrift* für Hervorhebungen.

---

[1]https://wiki.openwrt.org/doc/howto/nftables

Warnungen sind mit diesem Symbol am Rand gekennzeichnet.

Danksagung

OpenWrt ist das Werk vieler Freiwilliger. Da sind die unzähligen Autoren der Software, die Leute, die das System zusammenstellen und die, die es auf neue Hardware portieren und dort testen, die Autoren der Dokumentation für die Software und für die Webseiten von OpenWrt. Diejenigen, die in Foren Fragen beantworten, aber auch die, welche die Fragen stellen. Allen diesen verdanke ich die Kenntnisse, die ich in diesem Buch zusammengetragen und hoffentlich verständlich dargelegt habe.

Neben diesen gebührt mein besonderer Dank Ulf Rudolf, der mich auf einige Unklarheiten in frühen Manuskripten hinwies und meinen Blick dafür schärfte.

Nicht zu vergessen das Team von Leanpub, das mir ermöglichte, mich auf den Text sowie die Recherchen und Tests dafür zu konzentrieren und mir die Arbeit mit der Formatierung für die verschiedenen Formate abnahm.

Allgemeine Fragen

Was ist OpenWrt?

Eine gute Frage. OpenWrt ist eine kleine Linux-Distribution, also ein Betriebssystem für eingebettete Systeme. Oder - laut eigener Aussage - ein beschreibbares Dateisystem mit Paketverwaltung.

Diese Linux-Distribution bietet ein beschreibbares Dateisystem, einen Paketmanager namens *opkg* zur Verwaltung der installierten Software und out-of-the-box Netzwerkunterstützung, einen WLAN-Access-Point, DNS-Service und PPP. Also fast alles, was ich für einen Zugangsrouter brauche.

Was fehlt, kann ich mit dem Paketmanager nachträglich installieren. Alternativ kann ich mir ein eigenes Firmware-Image für meine Hardware zusammenstellen, das alle von mir benötigte Software enthält.

Bedienen, das heißt konfigurieren, kann ich es via serieller Schnittstelle, Telnet, SSH, Weboberfläche oder X-Windows-System, falls die Hardware ein geeignetes Display bereitstellt.

 Inzwischen sollte auch der letzte mitbekommen haben, dass es keine gute Idee ist, Konfigurationsdaten ungeschützt über ein Netzwerk zu schicken. So bleibt als sinnvolle Option für die Konfiguration die serielle Schnittstelle, SSH, HTTPS oder X-Windows am lokalen Display.

2004 startete das OpenWrt-Projekt mit dem "Stable Release". Diesem folgten die Ausgaben "White Russian" (2007), "Kamikaze" (2007), "Backfire" (2010), "Attitude Adjustment" (2013), "Barrier Breaker" (2014).

Der aktuelle Entwicklungszweig, genannt "Chaos Calmer", enthält die jeweils neueste für OpenWrt verfügbare Software.

Da der Entwicklungszweig experimentellen Code enthalten kann, sollte er nicht für produktive Umgebungen eingesetzt werden. Dieser Zweig unterstützt zusätzliche Hardware, wird aber als instabil eingeschätzt und lässt sich manchmal nicht kompilieren.

Was kann ich damit machen?

Als nächstes interessiert vielleicht, wofür sich OpenWrt einsetzen lässt. Dazu gebe ich hier nur einen kurzen Ausschnitt und beschränke mich auf Einsatzfälle, bei denen der Paketfilter eine Rolle spielt.

OpenWrt kann ich einsetzen:

- als Internet-Zugangsrouter für kleine Büros oder zuhause,
- als VPN-Router,
- als kurzfristigen Ersatz für einen anderen Router,
- als IPv6-Tunnel-Endpunkt, wenn mein Provider nur IPv4 anbietet,
- als WLAN-Basisstation, -Mesh-Router, -Client.

Bei diesen Einsatzfällen will ich den Paketfilter auf jeden Fall nutzen.

Internet-Zugangsrouter

Als Internet-Zugangsrouter nutze ich meist einfache, stromsparende Hardware, wie zum Beispiel einen billigen SOHO-Router, auf dem ich OpenWrt installiert habe. Die Liste der unterstützten Geräte finde ich in der Table of Hardware[2] im OpenWrt-Wiki.

Hier muss ich bei IPv4 meistens Masquerading zum Uplink einstellen, um meine internen Adressen zu verbergen. Will ich dann Dienste nach außen anbieten oder Spiele nutzen, die Verbindungen vom Server zum Client benötigen, muss ich das Weiterleiten von Ports konfigurieren.

Bei IPv6 will ich zumindest den Verbindungsaufbau aus dem Internet in mein lokales Netz reglementieren.

VPN-Router

Einen Tunnel oder ein VPN verwende ich, wenn ich ein anderes Netz unabhängig vom Routing über das Internet erreichen will. Das kann sein, weil ich eine zentrale

---

[2]https://wiki.openwrt.org/toh/start

Geschäftsstelle aus einem kleinen Büro erreichen will, oder weil ich bestimmte Adressen mit einer anderen Absenderadresse erreichen will, um geographische Beschränkungen auf Grund meiner Absenderadresse zu umgehen.

Ich kann den Tunnel direkt auf dem Internet-Zugangsrouter einrichten oder ich verwende einen separaten Router nur für diesen Zweck. Im ersten Fall brauche ich nichts weiter zu tun, als den Tunnel einzurichten. Im zweiten Fall muss ich entweder beim Zugangsrouter oder beim Client-Rechner die Route zu den Netzen hinter dem Tunnel eintragen.

Den Paketfilter benötige ich hier nur, wenn ich den Zugang zum Tunnel beschränken will oder wenn ich Masquerading gegenüber dem anderen Tunnel-Endpunkt einsetzen will.

Kurzfristiger Ersatz für einen anderen Router

Manchmal geht mein Zugangsrouter einfach kaputt. Oder er hat eine gravierende Sicherheitslücke, die nicht schnell genug geschlossen werden kann.

Dann ist es praktisch, wenn ich einen alten PC mit zwei Netzwerkadaptern übrig habe. Hier kann ich auch OpenWrt in einer VM verwenden, was der Artikel [ctAhlers2014] am Beispiel eines Windows-Rechners unter Einsatz von VirtualBox beschreibt. Für den Paketfilter gilt das gleiche wie für einen normalen Zugangsrouter.

IPv6-Tunnel-Endpunkt

Habe ich einen Internet-Provider, der nur IPv4 anbietet, kann ich mir über einen der IPv6-Tunnel-Provider ein Subnetz geben lassen und eine IPv6-Verbindung damit bekommen.

Den Tunnel-Endpunkt kann ich ebenfalls beim Internet-Zugangsrouter einrichten oder in einem separaten System, welches in meinem Netz dann als IPv6-Router fungiert. Dieses benötigt nur einen Netzwerkadapter. Im Gegensatz zum IPv4-VPN-Router brauche ich aber keine Route explizit bei den Clients oder beim Zugangsrouter eintragen.

Mit dem Paketfilter muss ich in diesem Fall mein Netz gegen unerwünschten Datenverkehr abschirmen.

WLAN-Basisstation, -Client, -Mesh-Router

Bei all diesen Einsatzfällen nutze ich die Möglichkeiten der eingesetzten Hardware. Der Paketfilter hilft mir den Datenverkehr in geordnete Bahnen zu lenken.

Möglichkeiten und Grenzen

Der Paketfilter von OpenWrt bietet mir alle Möglichkeiten des Linux Netfilter-Frameworks. Ich kann:

- zustandsbehaftete (stateful) und zustandslose (stateless) Firewalls bauen,
- hochverfügbare Firewall-Cluster einrichten, wenn die Hardware das erlaubt,
- IP-Adressen mit NAT umsetzen oder mit Masquerading verstecken,
- Traffic-Shaping mit dem Programm tc unterstützen,
- Netzwerk-Traffic erfassen
- transparente Proxies und Captive Portals betreiben und
- Datenpakete, insbesondere deren Header, manipulieren.

Natürlich hat der OpenWrt-Paketfilter auch Grenzen.

Diese ergeben sich zum einen aus der eingesetzten Software durch Programmfehler und Sicherheitslücken sowie Fehler in der Konfiguration, mitunter auch durch den Funktionsumfang der bei OpenWrt verfügbaren Software. Das betrifft auch und vor allem den Kernel.

Zum anderen kann der OpenWrt-Paketfilter an Grenzen stoßen, die sich aus der Hardware, konkret aus den Peripheriegeräten, dem Hauptspeicher und der CPU ergeben.

Wie kann ich die Grenzen herausfinden?

Die Grenzen der Hardware kann ich durch Lasttests herausfinden. Ich sende so viel Traffic zum Gerät wie möglich und beobachte, wie viel durchkommt. Da ich am Paketfilter interessiert bin, kombiniere ich zulässigen und unzulässigen Traffic, um zu sehen, wie weit letzterer ersteren beeinträchtigt.

Softwarefehler und Sicherheitslücken kann ich durch Penetrationstests finden. Dabei neue Fehler zu entdecken, erfordert Erfahrung und Einblick in die inneren Abläufe, zum Beispiel aus dem Quelltext der Software heraus. Darauf können die wenigsten Anwender von OpenWrt zurückgreifen.

Einfacher ist es, Security-Mailinglisten und ähnliche Quellen zu verfolgen und bei neu entdeckten Schwachstellen zu prüfen, ob mein System dafür anfällig ist. Zu diesem Zweck gibt es Exploit-Frameworks, die solche Tests vereinfachen.

Wie kann ich die Grenzen verschieben?

In manchen Fällen, speziell bei Leistungsproblemen, bleibt mir nur, auf leistungsfähigere Hardware auszuweichen. In dringenden Fällen kann ich den Durchsatz begrenzen oder vielleicht Funktionen abschalten.

Gibt es Workarounds, kann ich diese zumindest temporär nutzen. Vielleicht sogar selbst welche entwickeln.

Bei Softwareproblemen gibt es mitunter neue Versionen oder Patches, die das Problem beheben. Sind diese über die Software-Paketverwaltung erhältlich, brauche ich das System nur zu aktualisieren.

Gibt es noch keine Version im Repository, in der das Problem behoben ist, kann ich die Software selbst übersetzen. Dafür brauche ich eine Entwicklungsumgebung für OpenWrt.

Stärken von OpenWrt

Ein großer Vorteil von OpenWrt ist seine Modularität, so dass ich mir ein System genau nach meinen Wünschen einrichten kann.

Dazu kommt die Paketverwaltung, die mir auch nachträglich erlaubt, mein System zu erweitern, ohne eine neue Firmware aufspielen zu müssen.

Und schließlich die Vielfalt an billiger Hardware, die unterstützt wird und damit zu eigenen Experimenten einlädt.

Schwächen von OpenWrt

Ein Kritikpunkt ist die Vielzahl von möglichen Erweiterungen in Form von Softwarepaketen, die gerade Einsteiger verwirren kann.

Je nach Hardware ist die Unterstützung verschieden gut. Vor dem Kauf eines Gerätes muss ich auf jeden Fall ein Blick in die Liste der unterstützen Hardware werfen.

Manchmal ist die Software in den Repositories nicht aktuell genug für meinen Einsatzfall. Dann muss ich eine neuere Version selbst übersetzen. Das kann sich über Abhängigkeiten von Versionen anderer Software zu einem eigenen Projekt entwickeln.

Wie kann ich die Schwächen kompensieren?

Wenn ich sowenig Softwarepakete wie möglich, also nur die für den Einsatz nötige Software installiere, umgehe ich Probleme mit Softwarepaketen, die nicht auf meinem Gerät sind. Natürlich muss ich mir trotzdem einen Überblick verschaffen, was vorhanden ist. Aber mit der Frage "Brauche ich das wirklich?" kann ich recht schnell irrelevante Pakete ausschließen und mein System schlanker und sicherer machen.

Die Hardware kann ich vor dem Einsatz prüfen, ob sie die benötigte Leistung bringen kann. Setze ich sie ein, ist es unter Umständen vorteilhaft, wenn ich ein Gerät zusätzlich - als Reserve - besorge, um im Fehlerfall nicht auf andere Hardware ausweichen zu müssen. Anderseits kann die gleiche Hardware zu einem späteren Zeitpunkt aus zweiter Hand preisgünstiger zu bekommen sein.

Bei Softwareproblemen kann es nötig sein, eine neue Version selbst zu übersetzen. Dafür benötige ich die Entwicklungsumgebung und muss mich in diese einarbeiten. Dann kann ich aber auch die Firmware an meine Wünsche anpassen und brauche nicht nachträglich zusätzliche Software installieren.

Alternativen zum OpenWrt-Paketfilter

Will ich mich nach Alternativen für den Paketfilter von OpenWrt umsehen, muss ich mir als erstes über den Einsatzzweck und meine Anforderungen klar werden.

Ist der Paketfilter nur ein kleiner Teil des Gesamtsystems und fiel die Wahl aus anderen Gründen auf OpenWrt, dann muss dessen Paketfilter reichen.

Bei erhöhten Sicherheitsanforderungen weiche ich für die Filterung des Datenverkehrs im Netz vielleicht auf andere Systeme aus und verwende, wenn nötig, andere Hardware.

Ein weiterer Aspekt ist das zur Verfügung stehende Budget. In diesem Punkt ist es allerdings schwierig, eine sinnvolle Alternative zu OpenWrt zu finden, da dieses nahezu kostenlos zu bekommen ist und auf sehr billiger Hardware laufen kann.

Ganz anders kann es bei den Vorkenntnissen aussehen. Wer sich mit dem Paketfilter *pf* von BSD sehr gut auskennt, muss sich vielleicht erst mit den Eigenheiten der Netfilter-Firewall von Linux vertraut machen und würde vielleicht ein BSD-System vorziehen.

Weitere Punkte sind die Lernbereitschaft desjenigen, der den Paketfilter betreuen soll und die Lernanforderungen des Systems. Gibt es ausreichend Dokumentation und vielleicht Schulungsmöglichkeiten? Wie verläuft die Lernkurve beim Einsatz des Systems? Gibt es Konfigurationsbeispiele für die wichtigsten Einsatzfälle?

Nicht zu unterschätzen ist der Support für den Paketfilter. Habe ich mehrere Systemadministratoren, die die Technologie beherrschen, kann ich diesen Punkt enspannter sehen, als wenn ich das System allein betreue und nicht so sattelfest bin. Abhängig vom Budget, den Anforderungen und den verfügbaren Vorkenntnissen wähle ich bezahlten oder Community-Support. Letzterer funktioniert aber nur dann wirklich auf Dauer, wenn ich bereit bin, etwas von meinen Kenntnissen zurückzugeben.

Wenn ich mir im Klaren über meine Kriterien zur Auswahl einer Alternative bin, kann ich versuchen, die Spreu vom Weizen zu trennen.

Ich kann die Alternativen unterteilen zwischen proprietären und freien beziehungsweise quelloffenen Systemen. Bei proprietären Systemen muss ich immer Geld ausgeben, kann in den meisten Fällen dafür mit einem ordentlichen Support rechnen. Es bleibt allerdings immer ein Rest von Unsicherheit, was das System genau macht. Quelloffene Systeme bieten demgegenüber prinzipiell die Möglichkeit, das System bis in die letzte Ecke zu verstehen. Dafür muss ich eigene Arbeit investieren und viel lernen. Ich kann aber auch für quelloffene Systeme und den zugehörigen Support bezahlen.

Eine weitere Unterteilung betrifft das eingesetzte Betriebssystem, welches die Arbeitsweise des Paketfilters bestimmt. Die wichtigsten sind hier:

- Linux mit Netfilter
- BSD-basierte Systeme mit *pf*
- proprietäre Systeme, die oft auf einem der beiden aufbauen

Auf das Betriebssystem setzt die Konfigurationssoftware auf, mit der der Paketfilter erst nutzbar wird. Hier gibt es:

- Konfiguration über die Kommandozeile beziehungsweise Textdateien,
- Webbasierte Konfiguration,
- Konfiguration direkt am Gerät über eingebaute Schalter und Anzeigen.
- Konfiguration mit speziellen Programmen,
- Zentrale Konfiguration für mehrere Geräte,

Die Konfiguration über die Kommandozeile und über Textdateien erfordert die genaue Kenntnis der erforderlichen Syntax und hat zu Beginn eine steile Lernkurve. Auf die Dauer wird diese Lernkurve jedoch kompensiert durch die Möglichkeit, die Konfiguration in beliebigen Versionsverwaltungssystemen zu pflegen und darüber Änderungen zu verfolgen. Außerdem ist es einfach möglich, die Konfiguration automatisch zu erzeugen sowie aus der Konfiguration automatisch die Dokumentation zu generieren.

Bei der Konfiguration über ein Webinterface ist die Lernkurve am Anfang flach und kleine Änderungen der Konfiguration sind schnell gemacht. Dafür sind komplexe Konfigurationen nur mühsam und fehlerträchtig zu pflegen. Versionskontrolle ist ohne weiteren Aufwand nicht möglich. Automatisierung über das Webinterface ist zwar möglich, aber aufwendig und fragil gegenüber Änderungen am Webinterface.

Neben der CLI-/Text-basierten und der Webkonfiguration gibt es die zentrale Konfiguration mehrerer Paketfilter. Diese bietet die Möglichkeit, mehrere Firewalls in einem Netz aufeinander abzustimmen. Einige proprietäre Systeme bieten von sich aus diese Möglichkeit. Bei Firewalls mit CLI-/Text-Interface lässt sie sich nachrüsten oder selbst programmieren. Bei einem Webinterface würde ich auf Grund der Fragilität davon abraten.

Die Konfiguration mit speziellen Programmen, die auf dem Arbeitsplatzrechner laufen und von dort aus die Firewall konfigurieren ist oft bei proprietären Systemen zu finden. Dabei bin ich an das Betriebssytem gebunden, auf dem das Programm läuft.

Als letzte Form der Konfiguration kann ich direkt am Gerät arbeiten. Damit ist oft nur eine minimale Grundkonfiguration möglich, sowie das Rücksetzen auf Werkseinstellungen.

Schließlich kann ich Alternativen nach der benötigten Hardware einteilen, beziehungsweise nach dem Virtualisierungssystem, falls ich den Paketfilter in einem Software Defined Network als virtuelle Maschine betreiben will.

Mit diesen Unterscheidungsmerkmalen wäge ich die Vor- und Nachteile gegenüber OpenWrt ab und entscheide mich dann an Hand meiner vorher aufgestellten Kriterien.

Grundlagen Netzwerkprotokolle

Aufgaben eines Paketfilters

Ich mache mir zunächst die Aufgaben eines Paketfilters klar, um dann seine Bestandteile unter diesen Aspekten - den Aufgaben - zu betrachten und so besser zu verstehen.

Die Hauptaufgabe eines Paketfilters ist das Filtern des Datenverkehrs an Hand von vorgegebenen Regeln für die im Netz vorkommenden Protokolle. Dabei trifft der Paketfilter seine Entscheidungen normalerweise basierend auf den Kopfdaten der Datagramme und nicht ihrem Inhalt. Eine Ausnahme bilden einige Connection-Tracking-Module, wie zum Beispiel für FTP, die aus dem Datenstrom der Verbindung zu Port 21 die Ports der zugehörigen Datenverbindungen ermitteln.

An den Grenzen von Netzwerken kommt oft zusätzlich noch die Adressübersetzung, das heißt das Ändern von Quell- und / oder Zieladresse sowie der Ports bei TCP und UDP als Aufgabe dazu. Diese Umsetzung findet sich vorwiegend bei IPv4-Netzen, weil bei diesen die Anzahl der frei verfügbaren global eindeutigen Adressen seit langem nicht mehr den Bedarf decken kann und daher Adressen mehrfach verwendet werden.

Die Adressübersetzung dient zwei Zielen: das eine ist das Verbergen ganzer Netze hinter einzelnen Adressen (Masquerading), das andere das Ermöglichen der Kommunikation von Rechnern in verschiedenen Netzen, die den gleichen Präfix verwenden.

Masquerading finde ich häufig bei SOHO-Umgebungen, die von ISP eine IP-Adresse bekommen haben und hinter dieser verschiedene Endgeräte verbergen, die alle eine Verbindung in das Internet benötigen. Da mehrere interne Adressen auf eine externe Adresse gebündelt werden, geht es nicht ohne Änderung der TCP- und UDP-Ports ab. Von der externen Seite sind die internen Rechner nicht direkt adressierbar, da von außen nur eine IP-Adresse sichtbar ist.

Ein Beispiel für die Adressübersetzung ganzer Netzwerk-Präfixe ist ein Zusammenschluß zweier Netze, die bisher die gleichen privaten Netzwerkadressen verwendet haben. Da ich hier für die Umsetzung mit gleich großen Netzwerk-Präfixen arbeiten kann, müssen die Ports nicht zwingend geändert werden und außerdem sind alle internen Rechner von extern - über die umgesetzte Adresse - direkt adressierbar.

Kommen wir zurück auf das Filtern des Datenverkehrs, das dem Schutz vor Angreifern dient. Ich kann einzelnen Geräten eingeschränkten Zugang zu anderen Netzen gewähren oder Port-Scans verhindern, mit Port-Knocking auch für verfügbare Dienste. Unter bestimmten Voraussetzungen kann ich mit Rate-Limiting DoS-Angriffe entschärfen und gefährliche Datenpakete blockieren.

Formal dient die Filterung des Datenverkehrs der Durchsetzung einer Policy, welche den erlaubten und den verbotenen Datenverkehr in einem Netzwerk definiert.

Natürlich beschreibt eine Policy nicht direkt, welcher Datenverkehr erlaubt oder verboten ist. Dann müsste sie bei jeder Änderung im Netzwerk angepasst werden. Stattdessen drückt die Policy abstrakt die Ziele aus, von denen ausgehend ich, mit Kenntnis der im Netz eingesetzten Adressen und Protokolle, Regeln für den Paketfilter ableiten muss.

Eine weitere Aufgabe eines Paketfilters ist der Schutz vor unerwünschtem Datenabfluss. Natürlich kann ein Paketfilter nicht davor schützen, dass Daten durch Ausnutzen der erlaubten Verbindungen das Netz verlassen. Er kann jedoch den Datenverkehr in Bahnen lenken, auf denen ich mit anderen Mitteln dem Abfluss von Daten entgegenwirken kann.

Der Paketfilter hat dabei lediglich unterstützende Funktion, indem er den Datenverkehr umleitet zu einem Proxy, welcher den Datenverkehr bewertet und geeignete Entscheidungen trifft.

Neben dem absichtlichen Datenabfluss kann mich ein Paketfilter auch vor unbeabsichtigter, versehentlicher Preisgabe von sensiblen Informationen schützen. Dazu muss ich die Schwächen der in meinem Netz verwendeten Protokolle kennen und in manchen Fällen die Reichweite dieser Protokolle einschränken. So sendet beispielsweise MS Windows unter Umständen den NTLM-Hash des angemeldeten Nutzers an beliebige SMB-Server. Diese Information genügt, um sich in Windows-Netzen auszuweisen und Dienste zu nutzen. Um mich vor der versehentlichen Preisgabe dieser Information zu schützen, muss ich die Ports 139 und 445 für UDP und TCP abgehend sperren, auch wenn ich auf Grund einer permissiven Policy abgehenden Datenverkehr eigentlich erlauben würde.

Schließlich kann der Paketfilter noch die Authentisierung und Authorisierung von Netzwerk-Geräten unterstützen, indem er HTTP-Anfragen zunächst zu einem Captive Portal umleitet und den Datenverkehr erst nach Anmeldung am Portal freigibt.

Chance - Risiko - Policy - Firewall - Paketfilter

Bevor ich mich weiter in Details verliere, will ich kurz auf ein paar Begriffe und Zusammenhänge eingehen.

Vom wirtschaftlichen Standpunkt ausgehend, wäge ich die Chancen eines Systems (den Gewinn, den ich damit erziele) ab gegen die Risiken (die Verluste, die ich damit erleide). Ist das betrachtete System die IT-Infrastruktur einer Firma, wende ich mich wegen dieser Zahlen an die Geschäftsführung. Ist es mein persönliches Netz zu Hause, muss ich die Zahlen selbst bestimmen. Konkret geht es um den Nutzen oder Gewinn, den ich mit Hilfe des betrachteten Systems erreiche und die Verluste, die bei der Benutzung des Systems entstehen. Das Ermitteln dieser Zahlen benötigt betriebswirtschaftliche Kenntnisse.

Mit einer Security Policy (Sicherheitsrichtlinie) kann ich nur Verluste reduzieren. Die ermittelten finanziellen Werte geben den finanziellen Rahmen vor, innerhalb dessen sich meine Security Policy und die von ihr abgeleiteten Maßnahmen bewegen müssen, damit ich mich nicht langfristig zugrunde richte. So kann ich den Aufwand schätzen, den ich sinnvollerweise betreibe, um das System zu schützen.

Als nächstes ermittle ich die Schwachstellen des Systems und wie diese ausgenutzt werden können. Davon ausgehend lege ich Richtlinien - eine Policy - fest, die das Ausnutzen dieser Schwachstellen im besten Fall verhindert, zumindest aber erschwert. Das heißt, die Policy legt dem Gesamtsystem Beschränkungen auf, die einerseits die Ausnutzung von vorhandenen Schwachstellen verhindern, andererseits aber immer noch die Nutzung des Systems für seinen eigentlichen Zweck zulassen sollen. Hier muss ich eine Balance finden, wobei mir der oben erwähnte finanzielle Rahmen hilft.

Um die Policy durchzusetzen, kann ich - neben anderen Maßnahmen - für Rechnernetze eine Firewall verwenden. Diese besteht aus verschiedenen Komponenten: Paketfiltern, die den Datenverkehr auf den unteren Ebenen des OSI-Modells regulieren, Application Gateways, die sich um die oberen Ebenen des OSI-Modells kümmern und Intrusion Detection Systeme, die überwachen, ob die Policy eingehalten wird. Intrusion Prevention Systeme schließlich können bei einer erkannten Verletzung der Policy weitere Maßnahmen einleiten. In diesem Buch geht es vor allem um Paketfilter.

Die Policy sollte als erstes festlegen, ob ich grundsätzlich alles erlaube und nur bestimmten Datenverkehr verbiete - ein permissiver Ansatz - oder ob ich nur bestimmten Datenverkehr erlaube und alles andere verbiete - ein prohibitiver Ansatz. Die Antwort darauf kann in verschiedenen Bereichen eines Netzwerks unterschiedlich ausfallen. Anschließend sollte die Policy den erlaubten und / oder den verbotenen Datenverkehr beschreiben.

Habe ich meine Policy, ermittle ich im nächsten Schritt die Protokolle und Netzwerkadressen, die ich zulassen oder sperren muss und die Art von Application Gateways, die ich einsetzen muss, um die Ziele der Policy zu erreichen.

OSI Modell

Um den Paketfilter und die Application Gateways richtig einzuordnen, greife ich auf das Open Systems Interconnection (OSI) Modell zurück. Dieses Modell dient seit vielen Jahren als Referenzmodell für Netzwerkprotokolle.

Es ist als Schichtenmodell ausgeführt, bei dem jede Schicht genau definierte Aufgaben hat, die Dienste der darunterliegenden nutzt und seine Dienste den darüber liegenden zur Verfügung stellt. Es gibt in diesem Modell die folgenden sieben Schichten:

	deutsch	englisch
7	Anwendungsschicht	application layer
6	Darstellungsschicht	presentation layer
5	Sitzungsschicht	session layer
4	Transportschicht	transport layer
3	Vermittlungsschicht	network layer
2	Sicherungsschicht	data link layer
1	Bitübertragungsschicht	physical layer

Reale Protokolle können mehrere Schichten des OSI Modells abbilden, zum Beispiel:

- Ethernet die Schichten 1 und 2
- IP, ICMP, IGMP die Schicht 3
- TCP, UDP die Schicht 4
- HTTP, SMTP die Schichten 5, 6 und 7

Paketfilter arbeiten auf den OSI Schichten 1 bis 4. Habe ich verschlüsselten Datenverkehr, kann der Paketfilter nur bis zur Schicht 3, den IP-Adressen, arbeiten.

Für Protokolle der Ebenen 5 bis 7 muss ich entweder auf Application Gateways setzen und mit Paketfiltern erzwingen, dass diese genutzt werden. Oder ich untersuche den Datenverkehr mittels Deep Packet Inspection (DPI) und steuere mit den gewonnenen Erkenntnissen den Paketfilter und damit den Datenverkehr.

Reaktive Schutzmaßnahmen

Eine Möglichkeit, einen Server mittels Paketfilter zu schützen, besteht darin, die Log-Nachrichten des Servers auszuwerten und unerwünschten Datenverkehr zu unterbinden.

Fail2ban ist eine Software, die so etwas macht: sie wertet die Systemprotokolle aus und sperrt nach einer bestimmten Anzahl von Fehlversuchen die IP-Adresse über den Paketfilter. Damit kann ich Brute-Force-Attacken auf Login-Dienste verlangsamen und so unbrauchbar machen.

Das funktioniert jedoch nur, wenn der fail2ban-Dämon die benötigten Log-Nachrichten erhält und der Datenstrom über diesen Rechner läuft. Für lokale Dienste ist das leicht zu realisieren.

Auf einem separaten Paketfilter benötige ich dafür ein komplexes System, das die Log-Nachrichten zentral auswertet und die Paketfilter steuert.

Port-Knocking und TCP-Stealth

Eine weitere Möglichkeit, bei der ein Paketfilter einen Server schützt, ist Port-Knocking. Bei diesem Verfahren unterbindet der Paketfilter zunächst jeglichen Datenverkehr. Erst wenn die Software auf dem Server, die den Datenverkehr beobachtet, eine bestimmte Signatur in den Datenpaketen erkennt, veranlasst sie den Paketfilter, den Datenverkehr vom Sender der Signatur zuzulassen.

Damit lassen sich Zugänge zu einem System so verbergen, dass ein Angreifer den kompletten Datenverkehr des Systems beobachten und analysieren müsste, um den geschützten Dienst zu finden und die Signatur zu ermitteln. Dieses Verfahren ist sicherer als das nachträgliche Sperren bei Fehlversuchen, aber nur für einen begrenzten Personenkreis geeignet, dem die Signatur bekannt sein und die Software zur ihrer Erzeugung zur Verfügung stehen muss.

TCP-Stealth funktioniert, oberflächlich betrachtet, ähnlich. Es ist aber direkt im TCP-Stack implementiert und arbeitet ohne den Paketfilter. Die Signatur befindet sich hier direkt in den Datagrammen, welche die TCP-Verbindung aufbauen. Damit ist TCP-Stealth noch schwerer zu entdecken, als Port-Knocking, welches für die Signatur zusätzliche Datagramme verwendet, die nichts mit der eigentlichen Verbindungsaufnahme zu tun haben und dadurch einem aufmerksamen Beobachter auffallen können. In [ixGK2014] und [ctKGEAPM2014] finden sich nähere Informationen dazu.

Um welche Protokolle geht es?

Welche Netzwerkprotokolle sind für mich interessant, wenn ich eine Paketfilter-Firewall betreiben will? Auf einer Seite gehen Datenpakete hinein, auf der anderen Seite sollen sie herauskommen oder auch nicht. Das kann doch nicht so viel sein, könnte man meinen. Erstaunlicherweise sind es recht viele Protokolle, von denen ich mehr wissen muss, als nur den Namen und wofür es verwendet wird.

Betrachten wir den Bereich IPv4, dann haben wir IPv4 selbst, ICMP und IGMP. Dazu kommen TCP und UDP auf denen die meisten Protokolle der höheren OSI-Schichten aufsetzen.

Mit ARP werden bei IPv4 die Ethernet-Adressen den IP-Adressen zugeordnet. Dieses Protokoll interessiert mich, wenn ich meinen Paketfilter als Ethernet-Bridge betreibe.

Im Bereich IPv6 muss ich das Protokoll IPv6 selbst und ICMPv6 kennen. Bei TCP und UDP muss ich nicht viel gegenüber IPv4 dazu lernen. Die Funktionen von ARP und IGMP übernimmt ICMPv6.

Das sind die wichtigsten Protokolle der OSI-Schichten 1-4, die ich beim Paketfilter beachten muss.

Die Protokolle der Schichten 5-7 setzen oft auf TCP oder UDP auf. Bei diesen muss ich oft nur wissen, welche Ports verwendet werden und welche Seite die Verbindung aufbaut.

Es gibt unter diesen Protokollen jedoch einige, wie zum Beispiel FTP, die mit mehr als einer Verbindung arbeiten. Andere, wie zum Beispiel TFTP, verwenden im Laufe einer Sitzung verschiedene Ports. Werde ich mit solchen Protokollen konfrontiert, muss ich deren Eigenheiten kennen.

Die meisten dieser Protokolle werden in RFCs beschrieben, welche ich im Internet von http://tools.ietf.org/ beziehen kann. Nachfolgend gehe ich kurz auf einige davon ein.

Ethernet

Die RFCs 894, 1042 und 2464 beschreiben, wie IPv4 und IPv6 Datenpakete in Ethernet- und 802.3-Frames eingebettet werden. Oft interessieren mich zum Filtern nur die

MAC-Adressen. Arbeitet der Paketfilter jedoch als Ethernet-Bridge und nicht als Router, muss ich mich auch mit diesen Protokollen auseinandersetzen.

ARP, das Address Resolution Protocol finde ich in RFC 826 beschrieben. RFC 5227 aktualisiert es beim Thema Erkennung von Adresskonflikten. Das Protokoll spielt eine wesentliche Rolle bei *Bonjour*, der automatischen Netzwerk-Konfiguration von Apple-Rechnern sowie bei *APIPA* (Automatic Private IP Adressing) von Windows-Rechnern.

RFC 3927 beschreibt die automatische Konfiguration von link-lokalen IPv4-Adressen. Dabei wird ARP verwendet, um zu ermitteln, ob eine Adresse bereits belegt ist oder um eine IP-Adresse zu reklamieren. Auf diese Art konfigurierte IP-Adressen erkenne ich am Prefix 169.254/16. Datagramme mit dieser Absenderadresse dürfen nicht geroutet werden, da sie nur im lokalen Netzwerksegment gültig sind.

Bei IPv6 übernimmt Neighbor Discovery (ND) via ICMPv6 diese Funktion. Diese ist in RFC 4861 beschrieben. RFC 5942 aktualisiert ND in Bezug auf das IPv6-Subnetz-Modell, speziell für das Verhältnis zwischen Links und Subnetz-Präfixen. RFC 6980 geht auf die Auswirkungen von IPv6-Fragmentierung auf Neighbor Discovery ein.

IPv4

RFC 791 beschreibt das Internet Protokoll in Version 4. RFC 1349 ändert und erläutert einige Aspekte des Type of Service (TOS) Felds im IP-Header. RFC 2474 definiert das Differentiated Services (DS) Feld und RFC 6864 aktualisiert die Definition des ID-Feldes.

Da dieses Protokoll eines der wichtigsten für Firewall-Administratoren ist, gehe ich in einem eigenen Kapitel intensiver darauf ein.

IPv6

IPv6 wurde erstmals 1995 in RFC 1883 beschrieben. 1998 löste RFC 2460 diese inzwischen veraltete Beschreibung ab.

RFC 4303 "IP Encapsulation Security Payload (ESP)" beschreibt die IPv6 Header Extensions für IPsec.

Da dieses Protokoll immer wichtiger für Firewall-Administratoren wird, gehe ich in einem eigenen Kapitel intensiver darauf ein.

ICMP

Das Internet Control Message Protocol ist in RFC 792 beschrieben. RFC 4884 erweitert ICMP für Multipart-Nachrichten.

RFC 6633 und RFC 6918 begründen die Ablehnung von wenig genutzten ICMP-Nachrichten. Damit helfen mir diese beiden RFCs bei der Entscheidung für oder gegen diese Datagramme.

Auch auf dieses Protokoll gehe ich in einem eigenen Kapitel intensiver ein, da gerade hier sehr viele Nuancen stecken, bei denen durch unbedachte Sperrung oder Freigabe potentiell Schaden angerichtet werden kann.

ICMPv6

Das Internet Control Message Protocol for IPv6 wurde erstmals 1995 in RFC 1885 beschrieben. 1998 wurde dieses RFC durch RFC 2463 obsolet, welches dann im Jahr 2006 durch RFC 4443 abgelöst wurde. RFC 4884 aktualisiert und ergänzt diesen Draft Standard.

Für mich als Firewall-Administrator ist RFC 4890 "Recommendations for Filtering ICMPv6 Messages in Firewalls" interessant, welches begründete Empfehlungen für die Behandlung von ICMPv6 gibt.

Auch bei diesem Protokoll gehe ich auf wesentliche Punkte in einem eigenen Kapitel intensiver ein.

IGMP

RFC 1112 beschreibt Host Extensions for Multicasting und in seinem Anhang Version 1 von IGMP.

Version 2 des Internet Group Management Protocol ist in RFC 2236 beschrieben. Diese Version erlaubt es, dem Router die Beendigung der Gruppenmitgliedschaft mitzuteilen, was Vorteile bei Multicast-Gruppen mit hoher Bandbreite bringt.

RFC 3376 beschreibt Version 3. Diese ergänzt das Protokoll um Quellenfilterung, das heisst ein Mitglied einer Multicast-Gruppe kann dem Router mitteilen, dass es nur an Datagrammen von bestimmten Routern oder nicht an solchen interessiert ist.

Bei IPv6 übernimmt ICMPv6 die Steuerung der Multicast-Zugehörigkeit.

TCP

RFC 793 beschreibt das Transmission Control Protocol. RFC 1122 erläutert die Anforderungen für Internet-Hosts und geht dabei auch näher auf TCP, UDP, ICMP und IP ein. Explicit Congestion Notification (ECN) und deren Anwendung bei TCP ist in RFC 3168 beschrieben.

UDP

RFC 768 beschreibt das User Datagram Protocol bereits seit 1980. Das Protokoll ist so simpel, dass drei Seiten für die Beschreibung und weiterführende Referenzen ausreichen.

Für IPv6 ergab sich lediglich die Notwendigkeit, die UDP-Checksumme obligatorisch zu machen, da im IPv6-Header keine Checksumme enthalten ist. RFC 768 erlaubt noch das Senden von UDP-Datagrammen ohne Checksumme.

Tunnelprotokolle

Für die Übergangszeit, in der sowohl IPv4 als auch IPv6 nebeneinander existieren, gibt es verschiedene Protokolle, mit denen IPv6-Datagramme über IPv4-Netze übertragen werden können und umgekehrt. Diese muss ich kennen, wenn ich sie im Paketfilter regulieren will.

6to4 ist ein Protokoll, bei dem IPv6-Datagramme in einem Tunnel durch IPv4-Netze übertragen werden. Es ist in RFC 3056 beschrieben.

6rd (IPv6 Rapid Deployment on IPv4 Infrastructures) baut auf 6to4 auf und ist in RFC 5569 und RFC 5969 beschrieben.

ISATAP (Intra-Site Automatic Tunnel Addressing Protocol) ist in RFC 5214 beschrieben.

Teredo tunnelt Pakete via UDP und funktioniert damit auch via NAT. RFC 4380 beschreibt dieses Protokoll.

GRE (Generic Routing Encapsulation) erlaubt es, beinahe beliebige Protokolle in beliebigen anderen Protokollen zu kapseln. In RFC 2748 finde ich Informationen dazu.

IP Encapsulation within IP erlaubt ebenfalls beinahe beliebige IP-Protokolle zu kapseln indem vor den inneren IP-Header ein äußerer gesetzt wird. RFC 2003 beschreibt das Verfahren für die Kapselung von IPv4 in IPv4. RFC 4213 beschreibt es für die Kapselung von IPv6 in IPv4. Auf BSD-Systemen ist diese Art der Kapselung als GIF-Interface (generic tunnel interface) bekannt.

IPv4 für den Firewall-Administrator

IPv4 wird auf längere Zeit noch eine große Rolle spielen. Darum gehe ich in diesem Kapitel auf wichtige Aspekte dieses und der damit verbundenen Protokolle ein.

Internet Protokoll Version 4

Im OSI-Modell finden wir das Internet Protokoll in Schicht 3, direkt auf Ethernet aufsetzend, welches wiederum die Funktionen der Schichten 1 und 2 bereitstellt.

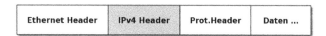

IP Datagramm

Natürlich kann man IP auch mit anderen Protokollen übertragen, jedoch werden wir es wohl am häufigsten mit Ethernet oder WLAN zusammen sehen. In einem Datagramm finden wir den IP-Header folglich hinter dem Ethernet-Header und vor den Headern der Protokolle aus den höheren Schichten.

RFC 791 beschreibt IPv4. Daraus habe ich die die folgende ASCII-Graphik des IP-Headers entnommen, die 32 Bit pro Zeile anzeigt.

```
 0                   1                   2                   3
 0 1 2 3 4 5 6 7 8 9 0 1 2 3 4 5 6 7 8 9 0 1 2 3 4 5 6 7 8 9 0 1
+-+-+-+-+-+-+-+-+-+-+-+-+-+-+-+-+-+-+-+-+-+-+-+-+-+-+-+-+-+-+-+-+
|Version|  IHL  |Type of Service|          Total Length         |
+-+-+-+-+-+-+-+-+-+-+-+-+-+-+-+-+-+-+-+-+-+-+-+-+-+-+-+-+-+-+-+-+
|         Identification        |Flags|      Fragment Offset    |
+-+-+-+-+-+-+-+-+-+-+-+-+-+-+-+-+-+-+-+-+-+-+-+-+-+-+-+-+-+-+-+-+
|  Time to Live |    Protocol   |         Header Checksum        |
+-+-+-+-+-+-+-+-+-+-+-+-+-+-+-+-+-+-+-+-+-+-+-+-+-+-+-+-+-+-+-+-+
|                       Source Address                          |
+-+-+-+-+-+-+-+-+-+-+-+-+-+-+-+-+-+-+-+-+-+-+-+-+-+-+-+-+-+-+-+-+
|                    Destination Address                        |
+-+-+-+-+-+-+-+-+-+-+-+-+-+-+-+-+-+-+-+-+-+-+-+-+-+-+-+-+-+-+-+-+
|                    Options                    |    Padding     |
+-+-+-+-+-+-+-+-+-+-+-+-+-+-+-+-+-+-+-+-+-+-+-+-+-+-+-+-+-+-+-+-+
```

IPv4 Header

Die ersten fünf 32-Bit-Worte sind in jedem IPv4-Datagramm obligatorisch, die Optionen können weggelassen werden. Das Feld *IHL* zeigt die Länge des IPv4-Headers in 32-Bit-Worten, die minimale Länge ist 5.

Der RFC beschreibt die einzelnen Felder und die Bedeutung ihrer Werte recht ausführlich, so dass ich hier nicht weiter darauf eingehen will. Für den Firewall-Betrieb sind vor allem die folgenden Informationen im Header von IPv4 relevant:

- ToS (Type of Service)
  Neben der Standard-Definition in RFC 791 gibt es Ergänzungen für die Bedeutung dieses Feldes in den RFCs 2474 (DCSP) und 3168 (ECN).
- Flags
  Diese zeigen unter anderem an, ob das IP-Paket fragmentiert werden darf oder bereits ist. Da Fragmentierung das Filtern erschweren kann, ist es ratsam, bei einem Paketfilter fragmentierte Pakete entweder zu verwerfen oder vor der Entscheidung zusammenzubauen.
- Protocol
  Dieses Feld gibt an, welches Protokoll im IP-Datagramm eingebettet ist, das heißt, wie die nachfolgenden Daten zu interpretieren sind. Seit RFC 3232 führt die IANA eine Online-Datenbank unter http://www.iana.org/. Auf einem Linux-Rechner finden sich die Nummern und Namen dieser Protokolle in der Datei */etc/protocols*: so zum Beispiel 1 für ICMP, 2 für IGMP, 6 für TCP und 17 für UDP. Will ich am Paketfilter nach Protokollen diskriminieren, muss ich dieses Feld beachten.
- Quell- und Zieladresse
  Mit je 32 Bit dienen die Adressen in den meisten Regeln als Merkmale für die Entscheidung. Verwende ich NAT bei der Firewall, muss ich beachten, an welcher Stelle im Netfilter-Code die Regel greift und an welcher NAT, um dann entweder die originale oder die umgesetzte Adresse zu filtern.

Internet Control Message Protocol (ICMP)

ICMP wird zwar, genau wie IP, der OSI-Schicht 3 zugeordnet, es nutzt aber das Internet Protokoll für den Transport. Daher finden wir den ICMP-Header direkt hinter dem IP-Header.

ICMP Datagramm

RFC 792 beschreibt das Protokoll. Daraus habe ich die folgende ASCII-Graphik der Kopfdaten entnommen, die ebenfalls 32 Bit pro Zeile zeigt.

```
0                   1                   2                   3
0 1 2 3 4 5 6 7 8 9 0 1 2 3 4 5 6 7 8 9 0 1 2 3 4 5 6 7 8 9 0 1
+-+-+-+-+-+-+-+-+-+-+-+-+-+-+-+-+-+-+-+-+-+-+-+-+-+-+-+-+-+-+-+-+
|     Type      |     Code      |          Checksum             |
+-+-+-+-+-+-+-+-+-+-+-+-+-+-+-+-+-+-+-+-+-+-+-+-+-+-+-+-+-+-+-+-+
|                             unused                            |
+-+-+-+-+-+-+-+-+-+-+-+-+-+-+-+-+-+-+-+-+-+-+-+-+-+-+-+-+-+-+-+-+
|      Internet Header + 64 bits of Original Data Datagram      |
+-+-+-+-+-+-+-+-+-+-+-+-+-+-+-+-+-+-+-+-+-+-+-+-+-+-+-+-+-+-+-+-+
```

ICMP Header

Der ICMP-Header folgt unmittelbar auf den IPv4-Header.

ICMP ist für viele Firewall-Administratoren eine Problemzone. Um das Jahr 2000 herum brachte Ofir Arkin seine Untersuchungsergebnisse über den Gebrauch von ICMP für das Scannen von Netzwerken heraus. Konnten zuvor in den meisten Firewalls ICMP-Pakete freizügig passieren, so wurden sie danach in vielen Konfigurationen rigoros gesperrt. Leider gibt es einige ICMP-Datagramme, die keinesfalls gesperrt werden sollten, um den regulären Netzbetrieb nicht zu behindern. Hier muss der Firewall-Administrator sehr gut Bescheid wissen, so dass ich ICMP in einem eigenen Kapitel intensiver behandle.

Transmission Control Protocol (TCP)

Auch den TCP-Header finden wir in einem Datagramm hinter dem IP-Header. Interessant ist, das zur eindeutigen Identifizierung einer TCP-Sitzung sowohl Informationen aus dem TCP-Header als auch aus dem IP-Header herangezogen werden.

TCP Datagramm

Beschrieben in RFC 793, ist TCP eines der am häufigsten verwendeten Protokolle im Internet. Die folgende ASCII-Graphik ist dem RFC entnommen und lässt bereits die Komplexität des Protokolls erahnen.

```
 0                   1                   2                   3
 0 1 2 3 4 5 6 7 8 9 0 1 2 3 4 5 6 7 8 9 0 1 2 3 4 5 6 7 8 9 0 1
+-+-+-+-+-+-+-+-+-+-+-+-+-+-+-+-+-+-+-+-+-+-+-+-+-+-+-+-+-+-+-+-+
|          Source Port          |       Destination Port        |
+-+-+-+-+-+-+-+-+-+-+-+-+-+-+-+-+-+-+-+-+-+-+-+-+-+-+-+-+-+-+-+-+
|                        Sequence Number                        |
+-+-+-+-+-+-+-+-+-+-+-+-+-+-+-+-+-+-+-+-+-+-+-+-+-+-+-+-+-+-+-+-+
|                     Acknowledgment Number                     |
+-+-+-+-+-+-+-+-+-+-+-+-+-+-+-+-+-+-+-+-+-+-+-+-+-+-+-+-+-+-+-+-+
|  Data |           |U|A|P|R|S|F|                               |
| Offset| Reserved  |R|C|S|S|Y|I|            Window             |
|       |           |G|K|H|T|N|N|                               |
+-+-+-+-+-+-+-+-+-+-+-+-+-+-+-+-+-+-+-+-+-+-+-+-+-+-+-+-+-+-+-+-+
|           Checksum            |         Urgent Pointer        |
+-+-+-+-+-+-+-+-+-+-+-+-+-+-+-+-+-+-+-+-+-+-+-+-+-+-+-+-+-+-+-+-+
|                    Options                    |    Padding    |
+-+-+-+-+-+-+-+-+-+-+-+-+-+-+-+-+-+-+-+-+-+-+-+-+-+-+-+-+-+-+-+-+
|                             data                              |
+-+-+-+-+-+-+-+-+-+-+-+-+-+-+-+-+-+-+-+-+-+-+-+-+-+-+-+-+-+-+-+-+
```

TCP Header

Der TCP-Header kann aufgrund der Optionen unterschiedliche Längen haben. Das Feld *Data Offset* gibt seine Länge in 32-Bit-Worten an. Das Feld *data* in der ASCII-Graphik steht für die transportierten Daten und gehört nicht mehr zum TCP-Header.

Eine TCP-Verbindung wird durch folgende fünf Angaben eindeutig identifiziert:

- Quell- und Zieladresse sowie Protokollfeld im IP-Header
- Quell- und Zielport im TCP-Header

TCP-Verbindungen sind bidirektional, Quell- und Zieladresse sowie Quell- und Zielport von Datagrammen einer Sitzung sind paarweise vertauscht, je nach der Richtung, in der sie gesendet werden.

Jede TCP-Sitzung befindet sich in einem Zustand, den die Firewall am TCP-Header erkennen kann: an den Flags, der Sequenz- und Acknowledge-Nummer sowie am Receive-Window.

Bei einer zustandslosen Regel muss die Firewall den Zustand ausschließlich an Hand des aktuellen Datenpakets erraten und entsprechend reagieren. Dann ist es bei einer bestehenden Verbindung nicht mehr möglich, zu erkennen, welche Seite die Verbindung ursprünglich initiiert hatte.

Demgegenüber verfolgt die Firewall bei zustandsbehafteten Regeln die Sitzung und ist auf diese Weise zum Teil in der Lage, gefälschte Datenpakete zu erkennen und zu unterdrücken. Das braucht allerdings mehr Ressourcen, vor allem Speicherplatz, von der Firewall.

TCP enthält einen Mechanismus, mit dem es die maximale Größe von Datagrammen auf der Verbindungsstrecke ermitteln kann. Dafür setzt es das *Don't Fragment* Bit im IP-Header und ist darauf angewiesen, dass ICMP-Unreachable-Pakete zurückkommen können, die dem Sender sagen, wann ein Datagramm zu groß ist. Moderne TCP-Stacks können mit Heuristiken auch ohne ICMP erkennen, wenn die Path-MTU kleiner als die MTU des Interfaces ist und senden dann kleinere Datenpakete. Diese Heuristiken sind jedoch zeitaufwendig - sie arbeiten mit Timeouts - und verschwenden Bandbreite, weil sie nicht mit der maximal möglichen MTU arbeiten sondern meist mit kleineren.

Gehen Datenpakete verloren, wiederholt TCP automatisch bereits gesendete Datagramme. Diese wiederholt gesendeten Datagramme sollten problemlos durch die Firewall gehen, wenn die Verbindung legitim ist. Bei zustandsbehafteten Regeln kann die Firewall Replay-Attacken erkennen, wenn die Sequenznummer eines Datagramms wesentlich kleiner ist, als die letzte Acknowledge-Nummer der Gegenrichtung.

User Datagram Protocol (UDP)

Kommen wir nun zu UDP, dem letzten der Protokolle, auf die ich im Rahmen von IPv4 kurz eingehen will.

Auch hier finden wir die Kopfdaten direkt hinter dem IP-Header. Und wie bei TCP werden auch bei UDP Informationen aus dem IP-Header zur vollständigen Identifizierung einer UDP-Sitzung herangezogen.

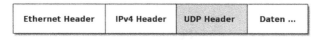

UDP Datagramm

Beschrieben in RFC 768, ist UDP ein zustandsloses Protokoll. Die folgende ASCII-Graphik aus dem RFC lässt bereits erahnen, dass es sich um ein sehr einfaches Protokoll handelt.

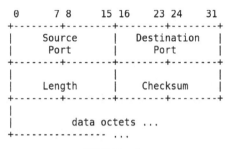

UDP Header

Das Längenfeld gibt die Länge des UDP-Headers und der Daten in Oktetts an.

Eine UDP-Verbindung wird, ähnlich wie bei TCP, durch folgende Informationen identifiziert:

- Quell- und Zieladresse sowie Protokollfeld im IP-Header
- Quell- und Zielport im UDP-Header

Einige auf UDP aufsetzende Protokolle verwenden mehrere dieser eindeutigen UDP-IDs in einer Sitzung, zum Beispiel TFTP. Das muss ich als Firewall-Administrator berücksichtigen, wenn diese Protokolle über die Firewall laufen.

Will ich UDP mit stateful Regeln überwachen, muss die Firewall mit Timern arbeiten. Das bedeutet für die Anwendungen, dass sie regelmäßig Daten senden müssen, bevor der Timer abläuft, wenn sie die Verbindung für die Firewall aktiv halten wollen. Alternativ kann ich auch den Timeout bei der Firewall etwas größer ansetzen, wenn die Firewall Probleme mit einzelnen Verbindungen bereitet.

Network Address Translation (NAT)

Mit NAT kann man die bei IPv4 mittlerweile nicht mehr ausreichenden eindeutigen Adressen mehrfach verwenden. Bei IPv4-Firewalls muss ich jederzeit damit rechnen, mit NAT konfrontiert zu werden.

Es gibt verschiedene Einteilungen von NAT, je nachdem, welchen Aspekt ich betrachte. So gibt es NAT bei dem

- mehrere Adressen eines Netzes auf genau so viele Adressen eines anderen Netzes umgesetzt werden, oder
- mehrere Adressen eines Netzes auf weniger - im Extremfall genau eine - Adresse umgesetzt werden. Letzteres wird auch als Masquerading bezeichnet.

Da NAT sehr häufig an Perimeter-Routern eingesetzt wird, bezeichnet man die beiden Seiten des Routers oft mit *innen* und *außen*. Werden die Adressen eins-zu-eins zwischen verschiedenen Adressbereichen umgesetzt, ist es möglich, Verbindungen gezielt von der äußeren zur inneren Seite aufzubauen, wenn die Adresszuordnung feststehend ist.

Insbesondere im SOHO-Bereich stehen auf der äußeren Seite oft weniger Adressen zur Verfügung als auf der inneren Seite verwendet werden. Bei einer Umsetzung von vielen inneren Adressen auf wenige äußere ist es ohne explizite Konfiguration schwierig, eine Verbindung von außen nach innen aufzubauen.

Das ist genau dann problematisch, wenn zwei Rechner hinter zwei solchen NAT-Routern ein direkte Verbindung wünschen, zum Beispiel für VoIP oder Videokonferenzen. In diesem Fall ist es ratsam sich mit dem Thema NAT-Traversal auseinander zu setzen. NATBlaster und STUN sind zwei Verfahren, mit denen direkte Verbindungen über zwei NAT-Router hinweg etabliert werden können. Diese sind auf die Kooperation der Firewall angewiesen.

Schließlich behindert NAT IPsec, da letzteres die IP-Adressen verifiziert und durch die Änderung der Adressen die Datagramme ungültig werden. Hier muss man auf UDP Encapsulation of IPsec ESP Packets, beschrieben in RFC 3948 ausweichen.

Da das Thema NAT sehr komplex ist und sehr viele Facetten enthält, gehe ich in einem späteren Kapitel noch einmal ausführlich darauf ein.

Fragmentierung

Prinzipiell kann ich auch fragmentierte Datagramme filtern, ohne sie vorher zusammen zu setzen. In diesem Fall müsste ich alle Fragmente ohne Header-Informationen durchlassen und die Filter-Regeln nur auf die ersten Fragmente mit den Header-Informationen anwenden.

Sind die ersten Fragmente zu klein, so dass sie nicht genügend Informationen enthalten, verwerfe ich sie. Was zu klein ist, hängt von den Regeln und den Protokollen ab, nach denen ich filtere.

Bei Connection Tracking muss ich fragmentierte Datagramme auf jeden Fall zusammensetzen, da die benötigten Informationen, zum Beispiel für FTP, in den Nutzdaten stehen.

IPv6 für den Firewall-Administrator

Mit IPv6 trat 1998 ein weiterer Akteur auf die Bühne der Transport-Protokolle. Die Adoption verlief anfangs sehr schleppend, hat in den letzten Jahren aber an Fahrt aufgenommen. Inzwischen kann man IPv6 als Firewall-Administrator nicht mehr ignorieren.

Obwohl mittlerweile alle weitverbreiteten Betriebssystem IPv6 gut unterstützen, ist es noch notwendig, IPv6-Projekte vor dem produktiven Einsatz gründlich zu testen.

Einer der Hauptvorteile von IPv6 ist der riesige Adressraum, der NAT überflüssig macht. Was nicht heißen soll, dass NAT bei IPv6 unmöglich wäre.

Zwar hat die IETF beim Entwurf von IPv6 nicht am grünen Tisch angefangen, sondern bewährte Dinge von IPv4 übernommen. Doch sind viele Dinge hinzugekommen und andere weggefallen.

TCP und UDP verhalten sich hier wie von IPv4 gewohnt, daher füge ich dem dort genannten nichts weiter hinzu, als dass UDP bei IPv6 zwingend eine Prüfsumme berechnen muss. Der IPv6-Header hat keine Prüfsumme.

Paket-Header

Mit 40 Byte ist der IPv6-Header recht klein, davon gehen bereits 32 Byte für die Adressen von Sender und Empfänger drauf. Alle zusätzlich benötigten Informationen gehen in Extension-Header, die zwischen dem IP-Header und dem Header des höheren Protokolls (zum Beispiel TCP oder UDP) Platz finden. Durch die Extension-Header kann der IPv6-Header auf maximal 60 Byte anwachsen.

Zur Zeit sind sechs Extension-Header spezifiziert, die von allen IPv6-Knoten unterstützt werden müssen:

- Hop-by-Hop Options Header, RFC 2460
- Routing Header, RFC 2460

- Fragment Header, RFC 2460
- Destination Options Header, RFC 2460
- Authentication Header, RFC 4303
- Encapsulating Security Payload Header, RFC 4303

Es können kein, einer oder mehrere Extension-Header in einem IPv6-Paket vorkommen. RFC 2460 gibt eine Reihenfolge vor, die bei mehreren Extension-Headern in einem Datenpaket eingehalten werden soll. Jeder Header wird durch das Next-Header-Feld des vorherigen identifiziert. Extension-Header werden genau in der Reihenfolge verarbeitet, in der sie im Datenpaket vorkommen.

Normalerweise beachten nur die Knoten mit der Zieladresse die Extension-Header. Eine Ausnahme dazu bildet der Hop-by-Hop-Options-Header, der von allen Geräten beachtet wird, die das Datagramm durchläuft.

Adressierung

Aufgrund des riesigen Adressraums, und um es einfacher zu handhaben, verwendet man in einer Layer-2-Domain (früher als Broadcast-Domain bezeichnet) 64 Bit als Netzmaske, so dass 2 hoch 64 Adressen für die Knoten in diesem Segment verbleiben.

Broadcast gibt es nicht mehr. Die Funktionen, die Broadcast verwendeten, müssen nun mit Multicast arbeiten. Dementsprechend muss jeder IPv6-Knoten Multicast beherrschen.

IGMP, das bei IPv4 für die Verwaltung der Multicast-Gruppen zuständig ist, entfällt ebenfalls. Seine Aufgaben übernimmt ICMPv6.

Ebenfalls entfallen ist ARP, mit dem bei IPv4 Ethernet-Adressen und IP-Adressen verknüpft werden. Auch diese Aufgabe übernimmt ICMPv6.

Neu gegenüber IPv4 ist Stateless Address Autoconfiguration (SLAAC). Diese erspart dem Netzwerk-Administrator einiges an Arbeit. Für IPv4 ist in RFC 3927 mittlerweile ein ähnliches Verfahren beschrieben. Der Artikel [ctSKL2012] erläutert die IPv6-Autokonfiguration mittels SLAAC sowie mit DHCPv6.

Ebenfalls neu sind die Privacy Extensions bei IPv6, mit denen ein Client-Rechner in bestimmten Abständen neue Adressen für sich bestimmt und diese statt der alten Adressen für neue Verbindungen verwendet. Für Server machen diese Extensions keinen Sinn, denn der Server soll ja gefunden werden. Für den Firewall-Administrator bedeutet das, dass er nicht mit festen IP-Adressen für diese Client-

Rechner arbeiten kann, sondern nur mit ganzen Subnetzen. Dem muss er in den Richtlinien und Regeln Rechnung tragen.

Aber auch Server mit festen IP-Adressen haben mehrere Adressen. So hat jeder IPv6-Knoten mindestens eine link-lokale Adresse an jedem Interface. Über diese link-lokalen Adressen kommunizieren die Knoten in einer Layer-2-Domain und darüber geben Router den Netzwerk-Präfix für dieses Segment bekannt. Aus diesem Präfix und der link-lokalen Adresse bildet jeder Knoten seine global eindeutige Adresse. Damit hat jeder Host schon mindestens zwei Adressen, mit denen er über das Netz erreicht werden kann. Hinzu kommen noch einige Multicast-Adressen, auf die er reagieren muss.

Vereinfachungen für Router

Für Router gibt es einige Vereinfachungen bei IPv6.

So können die Adressbereiche großzügig an ISPs und deren Kunden aufgeteilt werden, so dass die Routing-Tabellen der Core-Router klein bleiben können.

Router dürfen IPv6-Pakete grundsätzlich nicht fragmentieren. Ist Fragmentierung notwendig, muss der sendende Host fragmentieren und erst der empfangende Host baut das Datagramm wieder zusammen. Natürlich wird jede DPI-Firewall, die etwas auf sich hält, das auch machen. Da aber die MTU für IPv6 auf allen Segmenten mindestens 1280 Bytes beträgt, ist das für eine simple Firewall nicht nötig, denn im ersten Datagramm sind alle Informationen für die Entscheidung enthalten.

Da der IPv6-Header keine Prüfsumme enthält, müssen Router diese auch nicht neu berechnen, wenn sie das Hop-Limit-Feld reduzieren.

Gleichzeitiger Betrieb von IPv4 und IPv6

Wenn ich in meinem Netz gleichzeitig IPv4 und IPv6 betreibe, kommen zusätzliche Herausforderungen auf mich als Firewall-Administrator zu. Darum geht es in diesem Kapitel. Zunächst betrachte ich verschiedene Arten des gleichzeitigen Betriebs von IPv4 und IPv6, dann gehe ich auf einige Aspekte zur Sicherheit ein.

Ich unterscheide drei Arten, IPv4 und IPv6 gleichzeitig zu betreiben:

- Dual-Stack-Betrieb, bei dem im Netz und bei den Rechnern beide Protokolle gleichzeitig verwendet werden.
- Tunnel-Techniken, bei denen IPv6-Pakete in IPv4-Paketen transportiert werden oder umgekehrt.
- Netzwerk Adress- und Protokollübersetzung, bei der an einer Stelle im Netz IPv4-Pakete in IPv6 umgesetzt werden und umgekehrt.

Dual-Stack-Betrieb

Beim Dual-Stack-Betrieb verwende ich IPv4 und IPv6 gleichberechtigt.

Die Rechner müssen beide Protokolle vollständig benutzen können und verwenden je nach Kommunikationspartner oder Voreinstellung das eine oder das andere Protokoll.

Alle Switche, Router und Paketfilter müssen beide Protokolle unterstützen, damit das reibungslos funktioniert.

Der Dual-Stack-Betrieb ist einfach zu benutzen und flexibel. Er ist oft die beste Option für den gleichzeitigen Betrieb von IPv4 und IPv6.

Vom Standpunkt der Firewall habe ich zwei Zugänge zum Netzwerk, für die ich zwei - dem jeweiligen Protokoll angepasste - Sicherheitskonzepte benötige.

Natürlich hat der Dual-Stack-Betrieb auch Nachteile.

So benötigt das Equipment, welches im Dual-Stack-Modus läuft, mehr RAM und aktiven Programmcode, da es die Funktionen und Status-Informationen für zwei Protokolle vorhalten muss.

Ich benötige sowohl für IPv4 als auch für IPv6 Routing-Informationen und gegebenenfalls zwei Routing-Protokolle.

Auch die Fehlersuche wird komplizierter, weil ich in Betracht ziehen muss, dass ein Host versucht, einen Dienst mit dem falschen Protokoll zu erreichen, oder dass IPv4- und IPv6-Datagramme unterschiedliche Wege gehen.

Tunnel

Bei einem Tunnel leite ich IPv6-Pakete über IPv4-Netze weiter oder umgekehrt. Dabei muss ich drei wesentliche Punkte betrachten:

- das Verpacken der Pakete am Eingang des Tunnels,
- das Auspacken der Pakete am Ausgang des Tunnels und
- die Verwaltung des Tunnels.

Es gibt manuell und automatisch konfigurierte Tunnel. Außerdem unterscheiden sich die Tunnel nach der Art der gekapselten Daten und des Transports.

Tunnel erlauben es mir, genau in dem Tempo IPv4 zu IPv6 zu migrieren, dass ich im Moment gehen kann. Habe ich kein Dual-Stack-Netzwerk und möchte zwei IPv6-Inseln über ein IPv4-Netzwerk verbinden, kann ich das sofort machen und muss nicht warten, bis der Backbone IPv6 übertragen kann. Ich kann einzelne Hosts oder ganze Netzsegmente umstellen und muss mich nicht an eine bestimmte Reihenfolge halten.

Natürlich haben auch Tunnel Nachteile.

Sie erzeugen zusätzliche Last auf dem Router, der als Endpunkt für den Tunnel arbeitet.

Die Endpunkte des Tunnels benötigen Zeit um die Daten ein- und auszupacken, wodurch sich die Latenz erhöht.

Selbst wenn die Datenpakete den gleichen Weg nehmen wie ungetunnelte, geht etwas Bandbreite für die Header des Tunnelprotokolls verloren. Durch die zusätzlichen Header verringert sich die MTU des Datenpfades.

Auch die Fehlersuche wird komplexer, da Probleme mit dem Hop-Count, der Path-MTU und Fragmentierung hinzukommen können. Bei Problemen mit der Verbindung muss ich sowohl das Tunnelprotokoll als auch das getunnelte Protokoll in Betracht ziehen.

Vom Standpunkt der Sicherheit sind insbesondere automatisch aufgebaute Tunnel problematisch, da ich sicherstellen muss, dass auch getunnelte Daten von einer Firewall gefiltert werden, die unter meiner Kontrolle steht. Falls durch meinen Paketfilter getunnelte Daten laufen, trage ich dafür Sorge, dass nur Daten durchgehen, die von einem zugelassenen Tunnel-Endpunkt kommen und dass an diesem Endpunkt ebenfalls gefiltert wird.

Als Firewall-Administrator muss ich mich kundig machen, welche Tunnel in meinem Netzwerk zugelassen sind. Gegebenenfalls muss ich unerwünschte Tunnel erkennen und sperren.

Hier habe ich eine Liste von gängigen Techniken für Tunnel und Quellen für Informationen dazu als Einstieg für interessierte Administratoren zusammengetragen.

6to4

ist ein Verfahren, bei dem jede IPv4-Adresse auf ein IPv6-Netz mit der Netzmaske /48 abgebildet wird. Die IPv6-Adresse setzt sich aus dem Präfix 2002 und der hexadezimal notierten IPv4-Adresse zusammen

Das Verfahren ist in RFC 3056 beschrieben.

6rd (IPv6 Rapid Deployment)

erlaubt einem Provider seinen Kunden bereits IPv6 anzubieten, auch wenn seine eigene Infrastruktur noch nicht vollständig auf IPv6 umgestellt ist. Es basiert auf den Ideen von 6to4 nutzt im Gegensatz zu diesem jedoch keinen speziellen Adressbereich sondern den des Providers.

6rd ist in den RFCs 5569 und 5969 beschrieben.

ISATAP (Intra-Site Automatic Tunnel Addressing Protocol)

ist eine Variante des 6to4-Verfahrens, bei der Tunnel automatisch aufgebaut werden.

Das Verfahren ist in RFC 5214 beschrieben.

Teredo

tunnelt Pakete via UDP und funktioniert damit auch via NAT. Es ist in RFC 4380 beschrieben.

Tunnel Broker

sind IPv6 Provider für Netze, die nur eine IPv4-Verbindung zum Internet haben. Sie sind in RFC 3053 beschrieben.

GRE (Generic Routing Encapsulation)

erlaubt es, beliebige Protokolle in beliebigen anderen Protokollen zu kapseln. Es ist in RFC 2784 beschrieben.

Netzwerk Adress- und Protokollumsetzung (NAPT)

Diese Lösung setze ich nur ein, wenn keine andere verfügbar ist. Sie unterstützt nicht die fortgeschrittenen Möglichkeiten von IPv6.

Der Vorteil von NAPT ist die damit mögliche "direkte" Kommunikation eines IPv4-Hosts mit einem IPv6-Host. Bei allen anderen Lösungen müssen beide Rechner das gleiche Protokoll verwenden.

Nachteile sind begrenzte Topologie-Optionen, da ich einen NAPT-Router, der die Protokolle umsetzt, im Netzwerk-Pfad benötige. Protokolle, die in den Datenpaketen Informationen über die beteiligten Adressen senden, funktionieren nur mit zusätzlichem Aufwand oder gar nicht.

Secure Shell (SSH)

erlaubt über Port-Weiterleitungen einen verschlüsselten Tunnel für die Datenpakete und kann dabei das Protokoll umsetzen, wenn der SSH-Rechner im Dual-Stack-Betrieb arbeitet.

Sicherheitserwägungen

Beim gleichzeitigen Betrieb von IPv4 und IPv6 muss ich mehrere Zugänge zum Netz in den Richtlinien berücksichtigen.

Ich muss dafür Sorge tragen, dass Datenpakete, die mein Netzwerk über einen Tunnel erreichen oder verlassen, ebenfalls gefiltert werden.

RFC 4942 "IP6 Transition / Coexistence Security Considerations" geht auf dieses Thema ein.

RFC 3964 "Security Considerations for 6to4" geht auf den Tunnelbetrieb ein.

Auch die anderen RFCs zu den verschiedenen Verfahren muss ich studieren, wenn ich diese einsetzen will oder erkennen will, ob sie bereits eingesetzt werden.

ICMP und IGMP

ICMP

Bereits 1981 beschrieb Jon Postel in RFC 792 das Internet Control Message Protocol. Später kamen Ergänzungen in den RFCs 950, 4884, 6633 und 6918 hinzu. Es dient vor allem zur Kommunikation von Fehlerzuständen, aber auch um Informationen zum Zustand des Netzwerks auszutauschen.

Als Firewall-Administrator muss ich den grundlegenden Aufbau von ICMP-Nachrichten kennen und wissen, welche Datagramme ich unbedingt durchlassen sollte, welche ich auf jeden Fall sperren kann und warum ich mich bei den restlichen für die eine oder andere Art der Behandlung entscheide.

ICMP-Pakete nutzen IPv4 zum Transport, haben also ebenfalls einen IP-Header. Im darauf folgenden ICMP-Header werden die Datagramme nach dem Typ der ICMP-Nachricht und einem zu dem Typ gehörenden Code unterschieden. Da viele ICMP-Nachrichten als Reaktion auf Probleme mit bestimmten Datagrammen generiert werden, enthalten sie oft im Anhang den Anfang des Datagramms, auf das sich die ICMP-Nachricht bezieht.

Diese Daten am Ende der ICMP-Nachricht können für versteckte Kommunikation verwendet werden, deshalb sollte ich ICMP-Datagramme nicht wahllos durchlassen. Ein weiterer Grund ist, dass die ICMP-Nachrichten selbst sehr viele Informationen über IP-Netze preisgeben.

Immer durchlassen sollte ich ICMP-Datagramme vom Typ 3 "Destination Unreachable" mit Code 4 "Fragmentation Needed". Diese werden für die Path-MTU-Discovery bei TCP benötigt. Ein Blockieren dieser Nachricht führt nicht automatisch zum Blockieren aller TCP-Verbindungen, kann bei manchen Verbindungen aber Fehler hervorrufen, die für unerfahrene Administratoren schwer einzugrenzen sind. Selbst wenn das Problem erkannt ist - zu geringe MTU auf einem Teilstück der Verbindung - ist die Abhilfe oft ineffizient.

Die RFCs 6633 und 6918 diskutieren ICMP-Nachrichten, die ich bedenkenlos sperren kann. Das sind ICMP-Nachrichten, für die es keine weitverbreiteten Implementierungen gibt, deren Aufgaben anderweitig besser gelöst sind oder die eher schädlich als nützlich sind. Konkret kann ich die folgenden ICMP-Nachrichten unterdrücken:

- **Typ 4** "Source Quench" (Deprecated in RFC 6633): Dieser Typ diente der Signalisierung von Überlast bei Routern. Die Nachrichten erwiesen sich als ineffektives Mittel gegen Überlast und gelten bereits seit 1995 bei Routern als veraltet. Seit etwa 2005 berücksichtigt kaum noch ein Betriebssystem diese Nachrichten.
- **Typ 15** "Information Request" und **Typ 16** "Information Reply", **Typ 17** "Address Mask Request" und **Typ 18** "Address Mask Reply", **Typ 30** "Traceroute" bis **Typ 39** "SKIP" (Deprecated in RFC 6918). Diese Typen sind in der Praxis technisch überholt und in genanntem RFC förmlich missbilligt. Dort steht auch eine Diskussion zu den einzelnen Typen.

Bleibt als dritte Gruppe die ICMP-Nachrichten, bei denen ich von Fall zu Fall entscheiden muss, ob ich sie durchlasse. Gehen wir diese der Reihe nach durch.

Typ 0 "Echo Reply" ist die Antwort zu **Typ 8** "Echo Request". Innerhalb meiner Netze will ich diese Datagramme durchlassen, weil damit einfache Tests auf Erreichbarkeit mit dem Programm ping möglich sind. Aus meinem Netz in andere Netze will ich das auch, wenn ich die Erreichbarkeit von Rechnern in diesen Netzen mit ping prüfen will. Dann lasse ich Typ 8 von innen (meinem Netz) nach außen (dem fremden Netz) und Typ 0 von außen nach innen zu. Will ich auch Rechner in meinem Netz von außen prüfen lassen, gebe ich die beiden Typen auch in der anderen Richtung frei, eventuell beschränkt auf bekannte Netze oder Adressen.

Bei **Typ 3** "Destination Unreachable" gibt es außer Code 4 "Fragmentation needed and DF bit set", den ich immer freigeben will, noch die Codes 0 "Network unreachable", 1 "Host unreachable", 2 "Protocol unreachable" und 3 "Port unreachable", die Hinweise bei der Fehlersuche im Netz liefern. Diese will ich im internen Netz auf jeden Fall haben. Von außen nach innen will ich diese Nachrichten auch. Von innen nach außen will ich diese Nachrichten aber höchstens an jemand senden, der mein Netz analysieren darf. Wer das ist, sollte in einer Policy festgelegt sein.

Code 5 "Source route failed" tritt nur bei Source Routing auf. Verwende ich dieses nicht, kann ich getrost auch die ICMP-Nachrichten sperren.

Code 13 "Administratively prohibited" wird von Firewalls generiert. Das ist eine klare Ansage an jemanden, der probiert, ob bestimmte Rechner oder Dienste erreichbar sind. Es hat den Vorteil, dass Verbindungsversuche von normalen Programmen sofort beendet werden, die bei einfachem Verwerfen der Anfragen automatisch weitere Versuche unternommen hätten. Der Mehrwert dieser ICMP-Nachricht für einen Angreifer, der systematisch Netzwerkadressen ausprobiert, ist gering. Bei einer großen Anzahl derartiger Tests sollte ich allerdings ein Rate-Limit aktiviert haben, insbesondere bei einer asymmetrischen Anbindung. Wichtig ist, dass diese Nachrichten nur vom Border-Gateway generiert und nicht durchgeleitet werden, da sonst die TTL Informationen zur internen Netzwerkstruktur preisgibt.

Nachrichten vom **Typ 5** "Redirect" werden regulär vom Router an Hosts in einem direkt angeschlossenen Netz gesendet, wenn diese für bestimmte Verbindungen ein anderes Gateway verwenden soll. Ein Host sollte diese Nachrichten von seinem Default-Gateway akzeptieren, wenn es mehrere Router in dem Netzsegment gibt. Gibt es nur ein Gateway, sollten Hosts diese Nachrichten ignorieren.

Typ 8 hatte ich bereits bei Typ 0 abgehandelt.

Typ 9 "Router Advertisement" und **Typ 10** "Router Solicitation" benötige ich nur, wenn die Hosts in einem Netzsegment ihr Gateway nicht kennen. Kann ich die Hosts auf andere Art konfigurieren, benötige ich diese Nachrichten nicht. Das Problem mit diesen beiden Typen und Typ 5 ist, dass ein Rechner damit Datenverkehr auf sich umleiten und dann MITM-Angriffe gegen andere Rechner ausführen kann. Aus diesem Grund muss ich, wenn ich mit solchen Angriffen rechne, mein Netz nicht nur mit Paketfiltern schützen, sondern auch mit IDS auf Anomalien überwachen. Das ist aber nicht Thema dieses Buches.

Typ 11 "Time Exceeded" wird zum Beispiel vom `traceroute` Programm ausgewertet, um die Topologie eines Netzes zu erkunden. Innerhalb meiner eigenen Netze will ich das in den meisten Fällen, weil es bei der Fehlersuche helfen kann. Von außen nach innen will ich diese ICMP-Nachrichten auch, von innen nach außen nicht, wenn ich die Struktur meines internen Netzes nicht preisgeben will.

Typ 12 "Parameter Problem" kann bei der Fehlersuche helfen. Es verweist auf Probleme mit dem ursprünglich gesendeten Datagramm. Nach außen will ich diese Information nicht geben, weil sie Eigenschaften des IP-Stacks auf dem sendenden Rechner preisgeben.

Typ 13 "Timestamp Request" und **Typ 14** "Timestamp Reply" können zur Synchronisation der Uhren von Rechnern verwendet werden. Wenn andere Protokolle für die Synchronisation der Uhren verfügbar sind, sehe ich kein Problem darin, diese Datagramme zu sperren.

IGMP

Das Internet Group Management Protocol ermöglicht die Verwaltung von IPv4-Multicast-Gruppen. Die Gruppen werden dabei in den Routern verwaltet, an denen die Empfänger angeschlossen sind. Es gibt drei Versionen von IGMP:

- IGMPv1 (RFC 1112) erlaubt einem Host, einer Gruppe beizutreten. Seine Mitgliedschaft erlischt automatisch nach einem Timeout, wenn er sie nicht erneuert.
- Mit IGMPv2 (RFC 2236) kann ein Host eine Gruppe mit einer "Leave Group" Nachricht verlassen, so dass ein Router eher mitbekommen kann, ab wann er Datagramme für eine Gruppe nicht mehr senden braucht.
- ICMPv3 (RFC 3376) erlaubt es, Multicast-Gruppen mit bestimmten Quellen beizutreten.

Üblicherweise verwaltet der IP-Stack des Routers die Mitgliedschaft in Multicast-Gruppen. Als Firewall-Administrator entscheide ich lediglich, ob ich Multicast über Router überhaupt zulasse oder nicht.

Einen Sonderfall stellt Multicast-DNS (mDNS) dar. Dieses ist beschränkt auf das lokale Netzsegment und wird unter anderem von *Bonjour* verwendet, der automatischen Netzwerk-Konfiguration von Apple-Rechnern. Normalerweise habe ich bei einem Paketfilter nichts mit diesem Protokoll zu tun, da es nicht geroutet wird. Betreibe ich meinen Paketfilter jedoch als Bridge, dann muss ich mich entscheiden, ob ich *Bonjour* darüber unterstützen will oder nicht.

Multicast-DNS verwendet die Adresse 224.0.0.51 bei IPv4 sowie FF02::FB bei IPv6 und den UDP-Port 5353. Im Gegensatz zum normalen DNS, bei dem die Antworten von einer überschaubaren Anzahl von DNS-Servern kommen können, antwortet bei mDNS üblicherweise der Rechner, der den entsprechenden Record für sich beansprucht. Das muss ich berücksichtigen, wenn ich mDNS regulieren will.

Will ich einzelne Gruppen oder Quellen sperren, muss ich die IGMP-Nachrichten analysieren und selektiv sperren.

ICMPv6 für den Firewall-Administrator

ICMPv6 macht für IPv6, was ICMP für IPv4 macht und noch einiges mehr. So ist die Zuordnung von Link-Layer-Adressen (Adressen der OSI-Schicht 2), für die bei IPv4 die Protokolle ARP und RARP zuständig sind, Bestandteil von ICMPv6 und als Neighbor Discovery in RFC 4861 beschrieben. Die Verwaltung von Multicast-Gruppen, für die es bei IPv4 das Protokoll IGMP gibt, ist ebenfalls Aufgabe von ICMPv6.

RFC 4443 beschreibt das Protokoll. Für den Firewall-Administrator gibt es mit RFC 4890 "Recommendations for Filtering ICMPv6 Messages in Firewalls" handfeste Empfehlungen für die Behandlung von ICMPv6.

Konkret hat ICMPv6 die folgenden Aufgaben:

- Fehlermeldungen an den Absender von Datagrammen senden
- Verbindungen überprüfen
- das Netzwerk erkunden:
    - Nachbarn im gleichen Netzsegment finden und ihre IP- und Link-Layer-Adresse bestimmen
    - Die Erreichbarkeit von Nachbarn überwachen
    - Router finden und die Netzwerk-Konfiguration von diesen übernehmen
    - Informationen wie Netzwerkpräfixe und MTU von Routern an Hosts senden
    - Authentifizieren von Nachbarn mit SEND
    - Bestimmen der Path-MTU für Verbindungen
    - IPv6-Adressen für Link-Layer-Adressen bestimmen
    - Multicast-Gruppenmitgliedschaften verwalten
    - Multicast-Router finden
- Rekonfiguration
    - Weiterleitung zu anderen Routern mit Redirect-Nachrichten
    - Unterstützung der Umnummerierung von Netzen
- Unterstützung von Mobile IPv6
- experimentelle Erweiterungen

53

Klassifizierung von ICMPv6-Nachrichten

ICMPv6-Nachrichten können nach verschiedenen Kriterien klassifiziert werden. In RFC 4890 finden sich die folgenden:

- Fehler- und Informationsnachrichten

  ICMPv6-Nachrichten mit Typ 0 bis 127 sind Fehlermeldungen, die in den meisten Fällen erlaubt sein sollten. Nachrichten mit Typ 128 bis 255 sind Informationsnachrichten, die eher einer Policy unterliegen sollten.

- Adressen

  Die Absenderadresse einer ICMPv6-Nachricht ist üblicherweise eine Unicast-Adresse. Während der Autokonfiguration des Interfaces und bevor eine gültige IPv6-Adresse konfiguriert wurde, können ICMPv6-Nachrichten mit unspezifizierter Adresse [::] gesendet werden. Die Zieladresse ist bei Fehler-Nachrichten eine Unicast-Adresse, bei Informationsnachrichten kann es eine Unicast- oder Multicast-Adresse sein.

- Netzwerktopologie und Geltungsbereich der Adresse

  Einige ICMPv6-Nachrichten sind nur für den lokalen Link bestimmt, wie zum Beispiel bei der Neighbor Discovery, während andere über mehrere Links gesendet werden können, wie die meisten Fehlermeldungen.

- Rolle beim Aufbau und der Aufrechterhaltung von Kommunikation

  Neighbor Discovery und Stateless Automatic Address Configuration arbeiten mit ICMPv6 Paketen. Die ICMPv6-Nachricht mit Type 2 "Packet Too Big" sind entscheidend für eine erfolgreiche Verbindung über Pfade mit kürzerer MTU.

Sicherheitsüberlegungen

Während es bei IPv6 generell möglich ist, Datenpakete kryptographisch abzusichern, trifft das auf ICMPv6 nur bedingt zu. Dadurch, dass legitime ICMPv6-Nachrichten von beliebigen Hosts oder Routern im Internet kommen können, ist es nicht möglich, zu allen Sendern von ICMPv6-Nachrichten Security Associations aufzubauen.

Aus diesem Grund ist die Filterung von ICMPv6-Nachrichten der häufigste Weg, mit diesem Problem umzugehen. Dabei muss ich eine Balance finden zwischen dem Verwerfen von Datagrammen um die Site zu schützen und dem Zulassen von Datagrammen um sicherzustellen, dass effiziente Kommunikation möglich ist.

Wenn ich ICMPv6 mit einer Firewall kontrolliere, habe ich dabei die folgenden Sicherheitsbedenken im Sinn:

Denial of Service Attacken (DoS)

ICMPv6 kann auf zwei Arten für DoS verwendet werden: es können einfach übermäßig viele ICMPv6-Nachrichten geschickt werden oder es wird versucht, durch Konfigurationsnachrichten legitime Adressen ungültig zu machen oder Interfaces zu deaktivieren.

Probing

Angreifer können mit Datagrammen, die ICMPv6-Fehlermeldungen provozieren, die Topologie des Netzes erkunden und so Ziele für weitere Attacken finden. Dieser Ansatz ist durch den riesigen Adressraum von IPv6 allerdings nicht so effektiv wie bei IPv4. In RFC 4890 wird dieses Thema weiter ausgeführt.

Redirection

Durch Umleitung des Datenverkehrs kann ein Angreifer Man-in-the-middle-Angriffe aufsetzen. Diese Angriffe erfolgen häufig lokal, wenn der Angreifer bereits Zugang zum Netz hat.

Als Administrator muss ich einschätzen, ob die Effizienzverbesserung durch Redirect-Nachrichten das Risiko eines derartigen Angriffes wert ist. Bei dieser Entscheidung ist die Sicherheit der Verkabelung, des Gebäudes und der anderen Hosts im Netzwerk ebenso zu berücksichtigen, wie die Komplexität der Adressen und Routen.

Renumbering

Nachrichten zur Umnummerierung des Netzes können ein Netzsegment unerreichbar machen. Diese Nachrichten will ich auf jeden Fall am Border-Router filtern. RFC 2894 beschreibt das Verfahren.

Probleme durch ICMPv6-Transparenz

Da ICMPv6-Nachrichten in beiden Richtungen zugelassen werden müssen, können diese für verdeckte Kommnikationskanäle benutzt werden. Diesem kann ich mit Connection Tracking begegnen, um sicherzustellen, dass die ICMP-Nachrichten zu legitimen Datenverkehr gehören.

Empfehlungen zur Filterung

RFC 4890 teilt Filter-Regeln für ICMPv6 in zwei Klassen ein:

- Regeln für Datenverkehr, der die Firewall passiert
- Regeln für Datenverkehr, der an die Firewall gerichtet ist.

Innerhalb dieser Klassen werden die Regeln für ICMPv6 Datagramme kategorisiert in Regeln für Nachrichten, die

- nicht verworfen werden dürfen,
- nicht verworfen werden sollten, es sei denn, es gibt einen triftigen Grund,
- verworfen werden können, aber aus anderen Gründen sowieso nicht akzeptiert werden,
- entsprechend einer Richtlinie verworfen werden können oder nicht,
- immer verworfen werden sollten.

Generell sollten Firewalls, die als Bridge in einem Netzsegment arbeiten, link-lokale ICMPv6-Nachrichten beachten, während Firewall-Router diese einfach ignorieren können.

Eine Host-Firewall kann man sich als Spezialfall einer Firewall-Bridge vorstellen, die aus dem Netz nur Pakete für das eigene Interface durchläßt.

Empfehlungen für Transitverkehr

Unbedingt durchgehen sollten die folgenden Fehlernachrichten:

- Destination Unreachable (Typ 1), alle Codes
- Packet Too Big (Typ 2)
- Time Exceeded (Typ 3), Code 0

- Parameter Problem (Typ 4), Codes 1 und 2

Außerdem diese Nachrichten für Verbindungstests:

- Echo Request (Typ 128)
- Echo Reply (Typ 129)

Bei IPv4 werden die Nachrichten zur Verbindungstests oft gesperrt, um einen Netzwerk-Scan zu verhindern. Bei IPv6 ist das Risiko eines Netzwerk-Scans sehr viel geringer. In RFC 4890 wird das Thema ausführlicher betrachtet.

Die folgenden Fehlernachrichten sollten normalerweise nicht verworfen werden, wenn nicht gute Gründe für das Verwerfen sprechen:

- Time Exceeded (Typ 3), Code 1
- Parameter Problem (Typ 4), Code 0

Außerdem die folgenden Nachrichten zur Unterstützung von mobile IP (RFC 6275):

- Home Agent Address Discovery Request (Typ 144)
- Home Agent Address Discovery Reply (Typ 145)
- Mobile Prefix Solicitation (Typ 146)
- Mobile Prefix Advertisement (Typ 147)

Hier kann ich selektive Regeln verwenden, je nachdem, ob ich mobiles IP für eigene oder fremde Knoten unterstützen will.

Die folgenden Nachrichten verwirft ein Router sowieso, hier ist keine zusätzliche Maßnahme nötig:

Nachrichten zur Konfiguration und Auswahl des Routers (RFC 4620, 4861):

- Router Solicitation (Typ 133)
- Router Advertisement (Typ 134)
- Neighbor Solicitation (Typ 135)
- Neighbor Advertisement (Typ 136)

- Redirect (Typ 137)
- Inverse Neighbor Discovery Solicitation (Typ 141)
- Inverse Neighbor Discovery Advertisement (Typ 142)

Nachrichten für link-lokale Multicast-Empfänger (RFC 2710):

- Multicast Listener Query (Typ 130)
- Multicast Listener Report (Typ 131)
- Multicast Listener Done (Typ 132)

SEND Certificate Path Notification Messages (RFC 3791):

- Certification Path Solicitation (Typ 148)
- Certification Path Advertisement (Typ 149)

Nachrichten für Multicast-Router (RFC 4286)

- Multicast Router Advertisement (Typ 151)
- Multicast Router Solicitation (Typ 152)
- Multicast Router Termination (Typ 153)

Für die folgenden Datagramme sollte in einer Policy festgelegt sein, ob sie durchgelassen oder verworfen werden:

- Seamoby Experimental (Typ 150), siehe RFC 4065
- momentan nicht verwendete Fehlernachrichten (Typ 5-99, 102-126)
- momentan nicht verwendete Informationsnachrichten (Typ 154-199, 202-254)

Die folgenden Nachrichten sollten verworfen werden, wenn nicht triftige Gründe für das Weiterleiten sprechen:

- Node Information Query (Typ 139), siehe RFC 4620
- Node Information Response (Typ 140), siehe RFC 4620
- Router Renumbering (Typ 138), siehe RFC 2894
- Private Experimentation (Typ 100, 101, 200, 201), siehe RFC 4443
- Reserved for Expansion (Typ 127, 255), siehe RFC 4443

Empfehlungen für lokalen ICMPv6-Verkehr

Die folgenden Datagramme dürfen an Host-Firewalls nicht verworfen werden:

Fehlermeldungen (RFC 4443):

- Destination Unreachable (Typ 1), alle Codes
- Packet Too Big (Typ 2)
- Time Exceeded (Typ 3), Code 0
- Parameter Problem (Typ 4), Code 1 und 2

Nachrichten zur Verbindungsüberprüfung (RFC 4443):

- Echo Request (Typ 128)
- Echo Reply (Typ 129)

Nachrichten zur Konfiguration und Routerauswahl (RFC 3122, 4861):

- Router Solicitation (Typ 133)
- Router Advertisement (Typ 134)
- Neighbor Solicitation (Typ 135)
- Neighbor Advertisement (Typ 136)
- Inverse Neighbor Detection Solicitation (Typ 141)
- Inverse Neighbor Detection Advertisement (Typ 142)

Nachrichten für link-lokale Multicast-Empfänger (RFC 2710, 3810):

- Multicast Listener Query (Typ 130)
- Multicast Listener Report (Typ 131)
- Multicast Listener Done (Typ 132)
- Version 2 Multicast Listener Report (Typ 143)

SEND Certification Path Notification (RFC 3971):

- Certification Path Solicitation (Typ 148)
- Certification Path Advertisement (Typ 149)

Multicast Router Discovery (RFC 4286):

- Multicast Router Advertisement (Typ 151)
- Multicast Router Solicitation (Typ 152)
- Multicast Router Termination (Typ 153)

Die folgenden Datagramme sollten normalerweise nicht verworfen werden:

- Time Exceeded (Typ 3), Code 1
- Parameter Problem (Typ 4), Code 0

Die folgenden Datagramme werden sowieso verworfen, dafür ist keine besondere Aufmerksamkeit nötig:

- Router Renumbering (Typ 138), RFC 2894

Mobile IP-Nachrichten (RFC 6275):

- Home Agent Address Discovery Request (Typ 144)
- Home Agent Address Discovery Reply (Typ 145)
- Mobile Prefix Solicitation (Typ 146)
- Mobile Prefix Advertisement (Typ 147)

Diese experimentelle Nachricht wird verworfen, wenn das Protokoll nicht unterstützt wird:

- Seamoby Experimental (Typ 150), siehe RFC 4065

Die folgenden Datagramme sollten in einer Policy berücksichtigt werden:

Redirect-Nachrichten (RFC 4861) stellen ein erhebliches Sicherheitsrisiko dar. Als Administrator muss ich daher von Fall zu Fall entscheiden ob die Vorteile dieser Nachricht den potentiellen Schaden bei einem Missbrauch überwiegen.

- Redirect (Typ 137)

Falls ein Knoten den Node Information Dienst (RFC 4620) unterstützt, muss ich entscheiden ob und an welchen Schnittstellen er auf entsprechende Anfragen reagieren soll. Wenn der Dienst deaktiviert oder nicht vorhanden ist, werden die Anfragen ignoriert und es ist keine Filterung notwendig.

- Node Information Query (Typ 139)
- Node Information Response (Typ 140)

Gegenwärtig nicht definierte Fehlermeldungen

• ICMPv6-Typ 5-99, 102-126

Die Spezifikation von ICMPv6 besagt, dass unbekannte ICMPv6-Fehlermeldungen an das Protokoll der höheren Ebene weitergereicht werden soll. Dieses höhere Protokoll wird aus dem in der ICMP-Nachricht enthaltenen Anfang des auslösenden Datagramms bestimmt. Es besteht die Möglichkeit, dass diese Nachrichten für einen versteckten Datenkanal benutzt werden.

Der folgende Datenverkehr sollte verworfen werden, wenn nicht triftige Gründe für seine Verwendung gefunden werden:

• Private Experimentation (Typ 100, 101, 200, 201)
• Reserved for Expansion (Typ 127, 255), siehe RFC 4443
• momentan nicht verwendete Informationsnachrichten (Typ 154-199, 202-254)

Network Address Translation

Der ursprüngliche Entwurf der Internet-Protokolle sah kein NAT vor. Er ging von "intelligenten" Endgeräten und einem "dummen" Netz aus, das lediglich wusste, wie es Datenpakete von A nach B transportieren kann. Die Endgeräte kümmerten sich um die Kontrolle der Datenströme und alle anderen Aspekte bis auf die Auswahl der Transportwege.

Diese Trennung der Zuständigkeiten trug einen wesentlichen Teil zur Entwicklung des Internet bei, weil sich Netz und Endgeräte auf ihren Teil konzentrieren und davon ausgehen konnten, dass der jeweils andere Teil seine Aufgabe erfüllt. Durch die globale Adressierung war gewährleistet, dass prinzipiell jedes Endgerät mit jedem anderen kommunizieren konnte.

Dieses Prinzip der Trennung von "dummem" Netz und "intelligenten" Endgeräten wurde im Laufe der Zeit auf verschiedene Art aufgebrochen. Während die Versuche seitens der Endgeräte, die Datenpfade durch Source-Routing zu kontrollieren, keine große Verbreitung fanden, sind im Netz immer mehr Funktionen dazugekommen, die das Netz "intelligenter" und damit schlechter vorhersehbar für die Endgeräte machen.

Eine Art das Netz "intelligenter" zu machen sind Middle-Boxes, die den Datenverkehr inspizieren, manipulieren und aussondern. Zu den Manipulationen zählt unter anderem die Netzwerk-Adressumsetzung, die einen schwerwiegenden Eingriff in die Datagramme darstellt.

Sende ich in einem Netz ohne Middle-Box ein Datagramm von Rechner A nach Rechner B, so kann ich damit rechnen, dass dieses Datagramm genauso beim Ziel ankommt, wie ich es abschicke. Lediglich die TTL wird vermindert und bei IPv4 die Prüfsumme mit der geänderten TTL neu berechnet.

Der Empfänger des Datagramms kann daraus selbst den Absender erkennen und seine Antwort direkt an diesen adressieren. Bei einer Zwei-Wege-Kommunikation ist damit immer klar, wer mit wem kommuniziert.

Sobald NAT dazu kommt, weiss manchmal die eine Seite, manchmal die andere und manchmal beide nicht, mit wem sie kommunizieren.

Das ist bei einer einfachen TCP-Verbindung, wie zum Beispiel beim Übertragen einer Datei via HTTP, unkritisch.

Es gibt jedoch Protokolle, die die Adressinformationen auswerten und verwenden. Sei es, wie bei FTP und TFTP, um eine weitere Verbindung mit einem anderen Port zur Datenübertragung zu öffnen. Oder dass die Nachricht inklusive der Adresse kryptographisch gesichert werden soll, wie bei IPsec. Im ersten Fall kann die NAT-Box durch Beobachten des Datenstroms die nötigen Umsetzungen für die zusätzliche Verbindung einrichten. IPsec hingegen funktioniert nicht über NAT, da die verschlüsselten Daten sich auf die unveränderten Adressen und Ports beziehen. In diesem Fall musste nachträglich eine Variante für IPsec via NAT geschaffen werden.

ICMP-Fehlermeldungen gelangen bei manchen NAT-Boxen nicht zum Absender der auslösenden Nachricht. Damit erschwert NAT dem Netzwerk-Administrator die Arbeit, weil er die umgesetzten Adressen bei seinen Analysen kennen und in Betracht ziehen muss.

Dem Nutzer des Endknotens erschwert es die Arbeit im Fehlerfall dadurch, dass er nicht weiß, an wen er sich wenden soll, beziehungsweise dadurch, dass er dem Mitarbeiter beim Support Adressen nennt, mit denen dieser nichts anfangen kann.

NAT wird nach verschiedenen Kriterien unterschieden. Ändern sich nur die IP-Adressen oder die Ports oder beides? Betrachte ich nur die Richtung, dann kann ich zwischen Source-NAT (SNAT) und Destination-NAT (DNAT) unterscheiden. Eine weitere Unterscheidung berücksichtigt, ob Adressen eineindeutig umgesetzt werden oder mehrere Adressen auf eine andere Adresse (Masquerading). Beim Masquerading macht es einen Unterschied, ob der gleiche Port bei verschiedenen Verbindungen desselben Netzknotens auf den selben oder einen anderen Port umgesetzt wird.

Insbesondere verhindert Masquerading die direkte Adressierbarkeit von Endgeräten. Während das in vielen Fällen gewünscht ist, weil zum Beispiel interne Rechner nicht direkt von extern angegriffen werden können, erschwert es die Arbeit mit Peer-to-Peer-Protokollen, zum Beispiel für VoIP oder Videotelefonie, die auf geringe Latenzen angewiesen sind.

In diesem Bereich haben sich daher verschiedene Verfahren etabliert, die sich mit dem Hole-Punching bei NAT-Boxen beschäftigen, dem automatischen Öffnen von Verbindungen zur direkten Kommunikation von zwei Rechnern, die sich beide hinter NAT-Boxen befinden. Diese Verfahren benötigen einen Rendezvous-Server, über den die Endgeräte die nötigen Informationen zum Partner bekommen und natürlich kooperierende NAT-Boxen.

Zwar könnten die beiden Endgeräte gleich über den Rendezvous-Server kommunizieren, anstelle sich mit den Eigenarten der beteiligten NAT-Boxen herumzuschlagen. Für die direkte Verbindung spricht jedoch zum einen die Latenz, die in den meisten Fällen kleiner ist als über die beiden Verbindungen zum Rendezvous-Server, der alle Datagramme umsetzen müsste. Außerdem ist es eine Frage der Vertraulichkeit, ob ich alle meine Daten über den Server schicken will, oder lieber direkt.

Ein weiteres Problem beim Hole-Punching stellt das Hair-Pinning dar, das auftritt, wenn zwei Rechner hinter derselben NAT-Box eine direkte Verbindung aufnehmen wollen. In diesem Fall teilt der Rendezvous-Server beiden Clients die gleiche NAT-Adresse mit und diese versuchen über die NAT-Box eine Verbindung in das private Netz zurück aufzubauen. Damit das funktioniert, muss es von der NAT-Box unterstützt werden. Sollten mehrere NAT-Boxen kaskadiert sein, muss zumindest die dem Rendezvous-Server zunächst gelegene NAT-Box Hair-Pinning unterstützen. RFC 2663, RFC 3022 und RFC 3303 gehen auf diese Aspekte ein.

Aus dem vorgenannten ist sicher zu erkennen, dass ich NAT eher für ein Übel als für einen Segen halte. Wenn es sich beim Entwurf des Netzes vermeiden lässt, würde ich auf jeden Fall darauf verzichten. Allgemein spricht nur die Knappheit der Adressen bei IPv4 für NAT. Konkret ist NAT notwendig, wenn zwei Netzbereiche mit überlappender Adressvergabe, zum Beispiel mit Adressen nach RFC 1918, verbunden werden sollen oder wenn ein Netzbereich mit Adressen nach RFC 1918 an das Internet angeschlossen werden soll.

Zwar gibt es einige, die den Standpunkt vertreten, dass NAT einen gewissen Schutz bietet, weil das Netz dahinter nicht von außen adressiert und somit das Netz auch ohne Firewall geschützt wäre. Doch kann NAT keine durchdachte und mit Hilfe einer Firewall durchgesetzte Policy ersetzen. Ist die Firewall einmal im Betrieb ist der zusätzliche Nutzen durch NAT nur noch marginal.

Demgegenüber steht die zusätzliche Rechenzeit, die für NAT aufgewendet werden muss. Setze ich NAT ein, muss der NAT-Router für jedes Datagramm das umgesetzt werden soll, in einer Tabelle nachschauen und die Adressen, Ports und Prüfsummen modifizieren. Ist die CPU des NAT-Routers nicht leistungsfähig genug, kann der mögliche Durchsatz erheblich sinken. In einem konkreten Fall hatte ich Unterschiede von mehr als 30 Prozent im maximalen Durchsatz mit und ohne NAT gemessen.

Grundlagen OpenWrt Paketfilter

Netfilter: Kernel-Komponenten

Das Netfilter-Framework besteht aus drei Komponenten: iptables, ebtables und arptables.

Iptables

Der Teil des Netfilter-Frameworks, der sich mit der Filterung und Manipulation von IPv4-Datagrammen befasst ist Iptables. Sein Pendant für IPv6 ist Ip6tables.

Iptables enthält mehrere unabhängige Tabellen mit Regelketten, in welchen die Paketfilter-Regeln gruppiert sind. Jede Tabelle enthält fest eingebaute Regelketten und kann zusätzlich benutzerdefinierte Regelketten aufnehmen.

Jede Regelkette ist eine Liste von Regeln, die jeweils für bestimmte Datagramme gelten und festlegen, was mit diesen Datagrammen passieren soll. Eingebaute Regelketten besitzen darüber hinaus eine Policy, die bestimmt, was mit einem Datagramm passieren soll, auf das keine Regel passt. Wenn keine Regel in einer benutzerdefinierten Kette passt, geht es mit der nächsten Regel derjenigen Kette weiter, aus der die benutzerdefinierte Kette angesprungen wurde.

Jede Regel besteht aus zwei Teilen: einer Beschreibung der Datagramme, für die diese Regel zuständig ist (*Match*) und einer Aktion, die auf diese Datagramme anzuwenden ist (*Target*).

Netfilter-Tabellen

Die Tabellen haben verschiedene Aufgaben.

- Die Tabelle *filter* ist zuständig für die Entscheidung, ob ein Datagramm weitergeleitet oder verworfen wird. Wenn ich keine Tabelle explizit angebe, arbeiten die Benutzerprogramme mit dieser. Hier gibt es die eingebauten Ketten **INPUT**, **FORWARD** und **OUTPUT**.
- Die Tabelle *nat* ist für die Adressumsetzung zuständig. Sie wird konsultiert, wenn ein Datagramm eine neue Verbindung aufbaut. Hier gibt es die eingebauten Ketten **PREROUTING**, **OUTPUT** und **POSTROUTING**.

- Die Tabelle *mangle* ist für spezielle Manipulationen der Datagramme zuständig. Hier gibt es die eingebauten Ketten **PREROUTING**, **OUTPUT**, **INPUT**, **FORWARD** und **POSTROUTING**.
- Mit der Tabelle *raw* kann ich Datagramme von der Verarbeitung durch die anderen Tabellen ausnehmen. Diese Tabelle wird vor *ip_conntrack* konsultiert. Hier gibt es die eingebauten Ketten **PREROUTING** und **OUTPUT**.
- Die Tabelle *security* ist für Mandatory Access Control (MAC) Netzwerk-Regeln zuständig. Hier gibt es die eingebauten Ketten **INPUT**, **FORWARD** und **OUTPUT**.

Welche der genannten Tabellen zur Verfügung stehen, hängt von den Optionen bei der Konfiguration des Kernels ab und welche Kernel-Module geladen sind.

Targets

Die Aktionen für Datagramme, auf die eine Paketfilter-Regel zutrifft, werden Target genannt. Beim Programm `iptables` werden sie mit der Option `-j` beziehungsweise `--jump` angegeben.

Wenn eine Regel nicht auf ein Datagramm passt, wird die nächste Regel derselben Kette untersucht. Passt eine Regel auf ein Datagramm, bestimmt das Target, welche Regel als nächstes angewendet wird.

Target kann eines der folgenden sein:

- der Name einer benutzerdefinierten Regelkette: dann werden als nächstes die Regeln dieser Kette angewendet,
- **ACCEPT**: das Datagramm wird durchgelassen und keine weitere Regel mehr angewendet,
- **DROP**: das Datagramm wird verworfen und keine weitere Regel angewendet,
- **QUEUE**: das Datagramm wird an ein Programm im Userspace zur Begutachtung übergeben
- **RETURN**: in einer benutzerdefinierten Regelkette geht es zurück zur Kette, aus der diese angesprungen wurde, in einer eingebauten Kette wird die Policy auf das Datagramm angewendet.

Ist das Ende der eingebauten Regelkette erreicht und passte keine Regel mit endgültigem Target, wird die Policy der Kette auf das Datagramm angewendet. Die Policy darf kein Sprung zu einer anderen Regelkette und nicht **RETURN** sein.

Iptables-Extension-Module stellen weitere Targets sowie zusätzliche Match-Optionen für die Regeln bereit.

Einsprungspunkte für Paketfilterregeln

Die Kernel-Komponenten des Netfilter-Frameworks bestehen aus verschiedenen Einsprungspunkten im Kernel-Code zur Verarbeitung und Weiterleitung von Datagrammen, verschiedenen Regelketten nebst in ihnen enthaltenen Regeln sowie Kernel-Modulen mit dem Code für die Aktionen, die sich aus den Regeln ergeben.

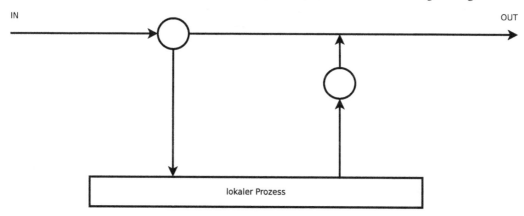

Weg eines Datagramms durch den Kernel

Um die Einsprungspunkte zuordnen zu können, betrachte ich zunächst abstrakt den Weg, den ein Datagramm durch den Kernel zurücklegt. Dieses kann auf zwei Möglichkeiten in den Netzwerk-Code gelangen: über ein Netzwerkinterface (IN) oder wenn ein lokaler Prozess ein neues Datagramm erzeugt.

Bei einem Datagramm, das über einen Netzwerkadapter angekommen ist, wird eine Routing-Entscheidung getroffen und dann das Datagramm an einen lokalen Prozess ausgeliefert, oder über einen - meist anderen - Netzwerkadapter (OUT) versendet.

Ein lokal erzeugtes Datagramm wird nach der Routing-Entscheidung über den ermittelten Netzwerkadapter (OUT) versendet oder, falls es an einen anderen lokalen Prozess geht, an diesen ausgeliefert.

Es gibt fünf Einsprungspunkte für das Netfilter-Framework, deren Name im nachfolgenden Bild der entsprechenden Regelkette des Paketfilters entspricht.

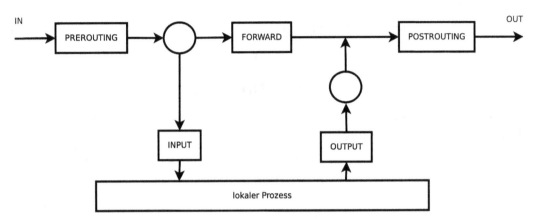

Weg eines Datagramms durch die Regelketten

Die erste Regelkette, die ein von außen kommendes Datagramm passiert ist PREROUTING. Diese Regelkette gibt es bei den Tabellen *nat*, *mangle* und *raw*.

Geht das Datagramm nach der Routing-Entscheidung an einen lokalen Prozess, passiert es als nächstes die Regelkette INPUT, die es bei den Tabellen *filter*, *mangle* und *security* gibt.

Geht das Datagramm stattdessen zu einer anderen Schnittstelle, um wieder versendet zu werden, passiert es als nächstes die Regelkette FORWARD, die es ebenfalls bei den Tabellen *filter*, *mangle* und *security* gibt.

Ein von einem lokalen Prozess erzeugtes Datagramm passiert als erstes die Regelkette OUTPUT, die es bei allen Tabellen gibt, und geht dann nach der Routing-Entscheidung zur sendenden Schnittstelle.

Unmittelbar vor dem Versenden passiert ein Datagramm die Regelkette POST-ROUTING, die es bei den Tabellen *nat* und *mangle* gibt.

Bei der Behandlung eines Datagramms im Kernel konsultiert der Netfilter-Code an den verschiedenen Einsprungstellen die zugehörigen Regelketten und verfährt mit den Datagrammen entsprechend der darin enthaltenen Regeln.

Außer den vordefinierten Regelketten, deren Name den Einsprungspunkten entspricht, kann es benutzerdefinierte Regelketten geben, die über Sprunganweisungen in den Regeln erreicht werden. Diese Regelketten können beliebige Namen mit bis zu 31 Buchstaben haben. Es empfiehlt sich, hierfür Kleinbuchstaben zu verwenden, um die benutzerdefinierten Ketten von den vordefinierten leichter unterscheiden zu können.

Diese benutzerdefinierten Regelketten können die Regeln zusammenfassen und einfacher strukturieren, so dass die Firewall einfacher zu verstehen ist. Dazu muss man jedoch das Modell kennen, nach dem diese Regelketten verknüpft sind. Für OpenWrt beschreibe ich das Modell der Regelketten in einem der folgenden Kapitel.

Connection Tracking

Will ich meinen Paketfilter zustandsbezogen (stateful) betreiben, verwende ich die *conntrack* Module.

Diese haben den Vorteil, dass ich meine Regeln genauer bestimmen und trotzdem einfacher halten kann. Bestimmte Anwendungen, wie das automatische Freischalten von FTP-Datenverbindungen, gehen nicht ohne diese Module.

Ein Nachteil von zustandsbezogenen Paketfilter ist, dass sie für die zusätzlichen Informationen mehr Speicherplatz benötigen. Deshalb muss ich mir gegebenenfalls Gedanken machen, wie ich die Zustandstabellen vor Überlauf schützen kann.

Beim zustandsbezogenen Filtern kann ich die Datenpakete neben den anderen Kriterien noch nach dem Zustand der zugehörigen Verbindung diskriminieren. Diese Zustände sind:

NEW

> für ein Paket, das eine neue Verbindung aufbaut.

ESTABLISHED

> für Pakete, die zu einer bereits existierenden Verbindung gehören.

RELATED

> für Datagramme, die zu einer bestehenden Verbindung gehören, aber nicht Teil dieser sind. Das kann ein Paket sein, das eine Datenverbindung zu einer bestehenden FTP-Verbindung aufbaut oder eine ICMP-Fehlermeldung.

INVALID

> für ein Paket, das nicht identifiziert oder zugeordnet werden kann. Zum Beispiel ICMP-Fehlermeldungen oder TCP-Pakete, die zu keiner bekannten Verbindung passen.

Dabei muss ich beachten, dass der Status einer Verbindung bei Iptables nicht äquivalent zum Status einer TCP-Verbindung sein muss. So hat das SYN-ACK-Paket beim Aufbau einer TCP-Verbindung bei Iptables den Status ESTABLISHED, während die TCP-Verbindung erst mit dem dritten Datagramm als established angesehen wird.

Bei ICMP können nur vier Typen den Status NEW oder ESTABLISHED haben:

- Echo (0,8)
- Timestamp (13,14)
- Information (15,16)
- Adressmask (17,18)

Alle anderen ICMP-Nachrichten können maximal den Status RELATED haben.

Iptables-Extensions

Für einige Protokolle und andere nützliche Sachen gibt es sogenannte Match-Erweiterungen, für die zum Teil zusätzliche Kernel-Module geladen werden müssen.

Das sind beispielsweise Erweiterungen für die Protokolle ICMP, TCP und UDP, mit denen ich die Regeln genauer an die Erfordernisse dieser Protokolle anpassen kann. Diese aktiviere ich mit der Option -p beim Aufruf von iptables.

Andere Erweiterungen beziehen sich auf die MAC-Adresse, die Limitierung von Datagrammen oder den Benutzer oder Prozess, der ein lokal erzeugtes Datagramm verursacht hat.

Weitere Erweiterungen, erlauben mir zusätzliche Targets, das heißt Aktionen, in den Regeln, wie zum Beispiel:

- LOG für das Protokollieren von Datagrammen
- REJECT um Fehlermeldungen für Datagramme zu generieren
- SNAT, DNAT, MASQUERADE um die Adressen zu manipulieren
- REDIRECT um eine Verbindung umzuleiten
- TOS und MARK um QoS zu unterstützen

Ebtables

Dieser Teil der Netfilter-Frameworks behandelt die Administration der Ethernet-Bridges.

Hier gibt es drei Tabellen mit vordefinierten Regelketten:

- Die Tabelle *filter* entscheidet über die Weiterleitung von Ethernet-Frames.
- Die Tabelle *nat* dient der Manipulation von Ethernet-Frames.
- In der Tabelle *broute* wird entschieden, ob ein Ethernet-Frame anhand der Layer-2-Informationen weiter geleitet werden soll (Bridge) oder anhand der Layer-3-Informationen geroutet werden soll. Das ist bei einem reinen IP-Betrieb kaum mehr notwendig. Falls im Netz jedoch anderer Traffic (zum Beispiel NetBEUI oder IPX) vorkommt, kann man damit einen sogenannten Brouter realisieren.

Arptables

Das Programm `arptables` wird verwendet, um die ARP-Regeln im Linux-Kernel zu verwalten. Diese Regeln inspizieren die ARP-Datagramme.

Es gibt nur eine Regeltabelle: *filter*. Diese enthält drei Regelketten:

- INPUT für Datagramme, die an diesen Rechner gehen,
- OUTPUT für Datagramme, die von diesem Rechner erzeugt wurden und
- FORWARD für Datagramme, die vom Bridge-Code weitergeleitet werden. Diese Kette gibt es beim Kernel 2.4 nicht.

Wenn eine Regel zutrifft, gibt es die folgenden Targets (Aktionen):

- ACCEPT, um das Datagramm durchzulassen.
- DROP, um das Datagramm zu verwerfen.
- CONTINUE, um die nächste Regel zu prüfen.
- RETURN um aus der aktuellen benutzerdefinierten Kette zurückzuspringen.

Daneben gibt es Target-Erweiterungen, die es erlauben, ARP-Datagramme zu manipulieren, indem die MAC- oder IP-Adressen geändert werden.

Netfilter: Benutzerprogramme

Im Netfilter-Framework gibt es vier Gruppen von Userspace-Programmen, die sich um verschiedene Belange bei der Paketfilterung kümmern:

- **iptables** ist zuständig für die Filterung und Manipulation von IPv4-Traffic,
- **ip6tables** kümmert sich um IPv6,
- **ebtables** ist für die die Filterung und Manipulation von Datagrammen auf OSI-Schicht 2, also bei Netzwerk-Bridges zuständig, und
- **arptables** kümmert sich um ARP, das heißt die Zuordnung von Ethernet-Adressen zu IPv4-Adressen.

Auf alle vier gehe ich im folgenden nur kurz ein, für detailliertere Erläuterungen verweise ich auf die Handbuchseiten.

iptables

Hier habe ich es mit insgesamt vier Programmen zu tun:

- `iptables` verwende ich, wenn ich einzelne Paketfilterregeln von Hand oder in einem Skript explizit ändern will.

  Konkret nutze ich es für die Verwaltung von Regelketten:
    - Anlegen und Löschen von benutzerdefinierten Ketten,
    - Vorgabe einer Policy,
  und für die Verwaltung der Regeln:
    - Anlegen, Ändern und Löschen von Regeln,
    - Abfragen, Setzen und Löschen von Zählerständen,
    - Aktivierung von Match-Erweiterungen und Modulen für das Connection Tracking.
- Mit `iptables-save` kann ich komplette Regelsätze sichern.

  Durch die kompakte Form als Textdatei mit jeweils allen Optionen von `iptables` für die betreffende Regel in einer Zeile eignet sich die Ausgabe von `iptables-save` sehr gut zur Analyse eines Paketfilters. Darauf komme ich in einem späteren Kapitel zurück.

- `iptables-restore` nimmt die Ausgabe von `iptables-save` und installiert alle Regeln im Kernel. Dieses Programm wird in den Skripts beim Systemstart verwendet, um die vor dem Herunterfahren gesicherten Regeln beim Neustart des Rechners wiederherzustellen.
- `iptables-save-xml` nimmt die Ausgabe von `iptables-save` und wandelt sie in XML für die weitere maschinelle Verarbeitung um.

  Bis jetzt habe ich für dieses Programm noch keine Verwendung gefunden.

ip6tables

Hier gilt das für *iptables* gesagte. Es gibt die drei Programme

- `ip6tables` zur Manipulation von Regeln und Regelketten,
- `ip6tables-save` zum Speichern des gesamten IPv6-Regelsatzes und
- `ip6tables-restore` zum Wiederherstellen des Regelsatzes mit einem Befehl.

ebtables

Für die Administration der Ethernet Bridging Tables gibt es das Programm `ebtables`, das ich nur benötige, wenn ich eine Ethernet-Bridge betreibe. Die Bridge kann echte Ethernet-Adapter verbinden oder virtuelle Maschinen.

Ein Einsatzfall, für den ich `ebtables` verwende, ist eine Bridge, die zusätzlich als Router, zum Beispiel für ein VPN arbeiten soll. Will ich in einem bestehenden Netzwerk minimal invasiv nachträglich einen VPN-Router einsetzen, ohne die Rechner oder den Zugangs-Router neu zu konfigurieren, dann kann ich den VPN-Router als Bridge zwischen dem vorhandenen Router und den Rechnern im Netz platzieren. Damit die Datagramme, die durch das VPN geleitet werden sollen, auch wirklich dort ankommen, muss der IP-Stack des VPN-Routers sie zu "sehen" bekommen. Dafür nehme ich mit `ebtables` diese Datagramme von der Weiterleitung durch die Bridge aus und führe sie dem IP-Stack zu.

arptables

Hier habe ich es ebenfalls mit drei Programmen zu tun:

- `arptables` setzt die Regeln zum Inspizieren und Manipulieren von Datagrammen des Address Resolution Protocol (ARP),
- `arptables-save` sichert alle Regeln und
- `arptables-restore` stellt alle wieder her.

Zwar kann ich mit `arptables` auch einen einzelnen Rechner schützen, doch werde ich dieses vorwiegend bei einer Bridge einsetzen. Die Regeln und Optionen von `arptables` sind auf das Protokoll ARP abgestimmt, Details finden sich in den Handbuchseiten.

Netfilter erweitern

Falls mir die Funktionalität des Netfilter-Frameworks nicht ausreicht, kann ich dieses um eigene Funktionen ergänzen.

Dafür gibt es verschiedene Wege. Ich kann ein Kernel-Modul schreiben, das an den nötigen Hooks eingehängt und von einem Userspace-Programm gesteuert wird.

Alternativ kann ich mit *libipq* die entsprechende Funktionalität auch im Userspace realisieren.

Für Experimente und Tests würde ich die Filterung im Userspace vorziehen, bei hohen Anforderungen an die Performance den Weg über das Kernel-Modul.

Einen Einstieg in dieses Thema bietet das Linux netfilter hacking HOWTO[3]

---

[3]http://www.netfilter.org/documentation/HOWTO/de/netfilter-hacking-HOWTO.html

Besonderheiten des Linux-Kernels

Der Linux-Kernel bietet viele Einstellmöglichkeiten über das *proc* Dateisystem. Dieses spezielle Dateisystem, das im Verzeichnisbaum unter /proc eingehängt ist, enthält Pseudo-Dateien, aus denen Kernelparameter ausgelesen werden können. Durch Schreiben in diese Dateien kann ich die Kernelparameter setzen.

Die für das Netzwerk und damit für Paketfilter und Firewalls interessanten Parameter sind im Verzeichnis */proc/sys/net/* zu finden.

Ich kann diese Parameter mit cat oder less auslesen und mit echo $wert › /proc/sys/net/$parameter setzen. Einfacher geht das jedoch mit dem Programm sysctl, dem ich den Namen des Parameters und den Wert in der Kommandozeile oder in der Datei */etc/sysctl.conf* mitgeben kann.

Dabei gilt die Besonderheit beim Namen des Parameters, dass dieser dem Pfadnamen der Datei unterhalb von */proc/sys/* entspricht, wobei statt der '/' im Dateisystem '.' im Namen des Parameters gesetzt wird. So entspricht die Datei */proc/sys/net/ipv4/ip_forward* dem Parameter net.ipv4.ip_forward in der Kommandozeile von sysctl beziehungsweise in der Datei */etc/sysctl.conf*.

Die Dokumentation zu den Variablen findet sich bei den Linux Kernelquellen im Verzeichnis *Documentation*. Die für das Netzwerk und Paketfilter wichtigen Parameter sind dort in der Datei *sysctl/net.txt* sowie in den Dateien im Verzeichnis *networking* beschrieben.

Damit genug der Vorrede, kommen wir zu den für Paketfilter interessanten Variablen.

net.core.bpf_jit_enable

Für die Architektur *x86_64* gibt es ein Framework, das die Paketfilterung beschleunigen kann. Dieses wird mit diesem Parameter aktiviert.

net.ipv4.ip_forward

Diese Variable entscheidet, ob eine Maschine mit mehreren Netzwerkschnittstellen als Router arbeitet und Pakete zwischen den Schnittstellen weiterleitet. In Skripts setzt man diesen Parameter oft auf 0, bevor die Regeln des

Paketfilters gesetzt werden und aktiviert die Weiterleitung mit einem von 0 verschiedenen Wert nach dem Setzen der Regeln.

net.ipv4.ipfrag_ *

Diese Gruppe von Variablen steuert das Zusammensetzen von IP-Fragmenten. Will ich auf dem Paketfilter ankommende Fragmente zusammensetzen, muss ich diese Variablen näher anschauen.

net.ipv4.tcp_mtu_probing

Damit kann ich Path-MTU-Probing, wie in RFC 4821 beschrieben, für TCP einstellen. Drei Werte sind möglich: 0 deaktiviert PMTU-Probing, 1 aktiviert es, wenn ein ICMP-Blackhole entdeckt wird und 2 aktiviert es ständig und nutzt die MSS von *net.ipv4.tcp_bas_mss*.

net.ipv4.icmp_echo_ignore_all

Wenn diese Option ungleich 0 gesetzt ist, ignoriert der Kernel alle ICMP-Echo-Requests, die an ihn gerichtet sind.

net.ipv4.icmp_echo_ignore_broadcasts

Wenn diese Option ungleich 0 gesetzt ist, ignoriert der Kernel alle ICMP-Echo-Requests, die ihn via Multicast oder Broadcast erreichen.

net.ipv4.icmp_errors_use_inbound_ifaddr

Ist diese Option auf 0 gesetzt, sendet ein Router ICMP-Fehlermeldungen mit der primären Adresse der abgehenden Schnittstelle. Mit dem Wert 1 nimmt er die primäre Adresse der Schnittstelle auf der das Paket ankam, welches den Fehler verursacht hat.

net.ipv4.icmp_ratelimit

Diese Variable bestimmt die Rate, mit der bestimmte ICMP-Nachrichten gesendet werden. Der Wert gibt den minimalen Abstand in Millisekunden zwischen zwei ICMP-Nachrichten an, 0 bedeutet dementsprechend keine Beschränkung. Welche ICMP-Nachrichten limitiert werden, steht in der Variable *net.ipv4.icmp_ratemask*.

net.ipv4.icmp_ratemask

Diese Variable legt in einer Bitmap fest, welche ICMP-Nachrichten von der Beschränkung durch *net.ipv4.icmp_ratelimit* betroffen sind. Die Default-Bitmap ist 6168, bei der die Nachrichten "Destination Unreachable", "Source Quench", "Time Exceeded" und "Parameter Problem" beschränkt werden.

Unter */proc/sys/net/ipv4/conf/* gibt es die Unterverzeichnisse *all* und *default* sowie je ein Unterverzeichnis für jede Netzwerk-Schnittstelle. Darin werden Parameter gesetzt, die für alle Schnittstellen gelten (unter *all*), für einzelne Schnittstellen (unter den Schnittstellen-Verzeichnissen) oder für alle Schnittstellen, für die nichts explizit eingestellt ist (unter *default*). Nachfolgend nenne ich die Variablen unter *net.ipv4.conf.default*, die exemplarisch für die anderen Verzeichnisse gelten.

net.ipv4.conf.default.accept_redirects
Damit kann ich festlegen, ob der Rechner ICMP-Redirect-Nachrichten akzeptiert oder ignoriert. In den meisten Fällen sollten diese von Hosts akzeptiert und von Routern ignoriert werden.

net.ipv4.conf.default.accept_source_route
Diese Variable legt fest, ob Pakete mit Source-Route-Option akzeptiert oder ignoriert werden. Per Default werden diese von Routern akzeptiert und von Hosts ignoriert.

net.ipv4.conf.default.arp_accept
Diese Variable steuert das Verhalten bei Gratuitous-ARP-Paketen, konkret für IP-Adressen, die noch nicht in der ARP-Tabelle sind. Mit dem Wert 0 werden keine neuen Einträge erzeugt, mit dem Wert 1 wird die ARP-Tabelle sowohl für ARP-Requests als auch für ARP-Replies aktualisiert.

net.ipv4.conf.default.forwarding
Aktiviert die Weiterleitung von Datagrammen für die betreffende Schnittstelle.

net.ipv4.conf.default.log_martians
Ein Wert ungleich 0 aktiviert die Protokollierung von IP-Paketen mit nicht-routbarer Absenderadresse.

net.ipv4.conf.default.rp_filter
Dieser Integerwert steuert die Reverse-Path-Validierung entsprechend RFC 3704. Mit Wert 0 wird die Absenderadresse eines Datagramms nicht validiert. Der Wert 1 entspricht der Strict Mode nach RFC 3704: wenn die ankommende

Schnittstelle nicht die beste Route zur Absenderadresse hat, wird das Datagramm verworfen. Der Wert 2 entspricht der Loose Mode nach RFC 3704: nur wenn es überhaupt keine Route zurück zur Absenderadresse gibt, wird das Datagramm verworfen. Loose Mode empfiehlt sich bei asymmetrischem Routing.

Für IPv6 gilt das gleiche, wie für IPv4: die Dateien und Verzeichnisse unter */proc/sys/net/ipv6/conf* erlauben Einstellungen für einzelne oder alle Schnittstellen.

net.ipv6.conf.default.disable_ipv6
Damit kann ich IPv6 selektiv an einzelnen Schnittstellen abschalten.

net.ipv6.conf.default.forwarding
Auch das Weiterleiten von Datagrammen kann ich für einzelne Schnittstellen an- oder abschalten.

net.ipv6.conf.default.suppress_frag_ndisc
Damit kann ich das Verhalten nach RFC 6980 steuern. Mit dem Defaultwert von 1 verwirft der Kernel fragmentierte Neighbor-Discovery-Datagramme, mit dem Wert 0 erlaubt er sie.

net.ipv6.conf.default.use_tempaddr
Mit dieser Variable kann ich die Privacy Extensions für IPv6 einschalten.

net.ipv6.icmp.ratelimit
Diese Variable bestimmt die Rate, mit der ICMPv6-Datagramme gesendet werden.

Ein Modell der Firewall-Regeln bei OpenWrt

Um den Paketfilter bei OpenWrt zu verstehen, rufe ich mir den Weg eines Datagramms durch die Regelketten des Netfilter Frameworks, wie im Kapitel "Netfilter: Kernel-Komponenten" beschrieben, in das Gedächtnis zurück. Dieses Modell liefert mir die Einsprungspunkte in die Paketfilter-Tabellen beim Weg eines Datagramms durch den Netzwerkcode des Kernel. Die Einsprungspunkte in dem Modell liefern die Reihenfolge, in der die Tabellen des Netfilter-Frameworks befragt werden.

Betrachte ich ein Datagramm, das auf einem Interface ankommt und auf Grund seiner Zieladresse auf einem anderen Interface versendet werden soll, dann durchläuft es nacheinander die folgenden Stationen:

- Tabelle *raw*, Kette *PREROUTING*
- Connection Tracking Module
- Tabelle *mangle*, Kette *PREROUTING*
- Tabelle *nat*, Kette *PREROUTING*
- Entscheidung über das Routing
- Tabelle *mangle*, Kette *FORWARD*
- Tabelle *filter*, Kette *FORWARD*
- Tabelle *mangle*, Kette *POSTROUTING*
- Tabelle *nat*, Kette *POSTROUTING*

Damit weiß ich, in welcher Reihenfolge ich die genannten Regelketten konsultieren muss, um zu analysieren, was das Netfilter-Framework mit diesem Datagramm macht.

Nun erlaubt das Netfilter-Framework beliebige Regelketten anzulegen, die aus den Einsprungsketten über Jump-Aktionen erreicht werden können. Diese Regelketten können das Arbeiten effizienter und übersichtlicher machen, sie können mich aber auch verwirren, wenn ich die zugrundeliegende Struktur nicht kenne.

Dazu begebe ich mich auf eine andere Abstraktionsebene und betrachte die Regelketten der Tabellen als Folgen von Anweisungen, um zu einer Aussage zu kommen, was mit einem Datagramm passieren soll, das bei einer vordefinierten Regelkette ankommt. Mit `iptables-save` beziehungsweise `ip6tables-save` erhalte ich alle Regelketten und Tabellen in einer Textdatei mit einer Regel pro Zeile. Diese Textdatei ohne Hilfsmittel auszuwerten, ist mühsam, da ich ohne Vorwissen immer bei den Standard-Regelketten anfangen muss, diese nacheinander betrachte und bei einer Jump-Aktion an anderer Stelle weiter mache, bis ich zu einer endgültigen Aktion komme, oder das Ende der vordefinierten Regelkette erreiche.

Hier hilft es mir, die Regelketten als gerichteten Graphen zu betrachten, dessen Knoten die Regelketten sind und dessen Kanten die Sprunganweisungen. Das funktioniert für einfache Firewalls mit wenigen Regeln und Regelketten recht gut, da kann ich dem Verlauf mit dem Finger auf einem genügend großen Ausdruck folgen.

Bei komplexeren Paketfiltern wird aber auch dass schon zu unübersichtlich. Hier betrachte ich nur die Regelketten und die zwischen ihnen existierenden oder möglichen Sprünge.

Die benutzerdefinierten Regelketten sind bei OpenWrt gut strukturiert, das Modell dafür hatte ich in [Weidner2012] bereits für die damals aktuelle Version grob beschrieben. Inzwischen hat sich OpenWrt weiterentwickelt und auch das Modell der Regelketten geändert. Darum gehe ich hier noch einmal detailliert auf die verschiedenen Tabellen der momentan aktuellen Version Barrier Breaker ein.

Einen guten Einstieg bietet die Dokumentation zur Firewall-Konfiguration[4] im Wiki. Dort werden die Regelketten nach drei Typen unterschieden:

- **system**: sind die vordefinierten Regelketten des Netfilter-Frameworks wie INPUT, OUTPUT, FORWARD, ...
- **internal**: sind Regelketten, die von der OpenWrt-Firewall intern verwendet werden. Diese enthalten Sprünge zu den anderen Regelketten oder Regeln, die via LuCI oder UCI konfiguriert wurden.
- **user**: sind frei verfügbar und zunächst leer. Regeln für diese Ketten kann ich in der Datei */etc/firewall.user* definieren.

Tabelle filter

Das nachfolgende Bild zeigt ein allgemeines Modell der Regelketten dieser Tabelle. Ganz links stehen die vordefinierten Regelketten, die den Einsprungspunkten in

---

[4]https://wiki.openwrt.org/doc/uci/firewall

Kapitel "Netfilter: Kernel-Komponenten" entsprechen.

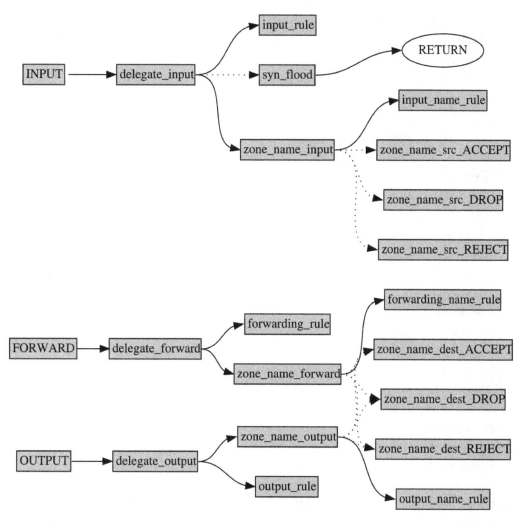

Modell der Tabelle filter

Die Namen der Regelketten folgen einem festen Schema, dem die Namen der Knoten im Graphen entsprechen. Dabei steht der Wortteil *name* für die entsprechende Zone bei der Netzkonfiguration des Routers. Das heißt, wenn zwei Zonen (zum Beispiel LAN und WAN) definiert sind, dann gibt es für den Knoten *zone_name_forward* im Modell, die beiden Regelketten *zone_lan_forward* und *zone_wan_forward* in der Tabelle *filter*, die die gleiche Funktion, wie im Modell haben, deren Regeln aber nur für die betreffende Zone gelten.

Gehen wir die einzelnen Ketten und deren Funktion durch.

Ich beginne bei der Kette **INPUT**. Von hier aus geht es zur Kette *delegate_input* (system). Wie der Name verrät, delegiert diese zu verschiedenen anderen Ketten und zwar zu *input_rule*, *syn_flood* und zu *zone_name_input*. Außerdem enthält diese Kette einige hoch priorisierte Regeln, wie zum Beispiel `-i lo -j ACCEPT`, die dafür sorgt, dass lokaler Datenverkehr über Adresse 127.0.0.1 immer durchkommt.

Die erste angesprungene Kette ist *input_rule* (user). Diese Kette ist reserviert für benutzerdefinierte Regeln für Verbindungen zum Router, die über die Datei */etc/firewall.user* konfiguriert werden.

Zur Kette *syn_flood* (internal) geht es nicht immer, sondern nur, wenn in der Konfiguration "SYN flood protection" aktiviert wurde. Genau dann wird in INPUT eine Regel eingefügt, die für alle TCP-Pakete mit gesetztem SYN-Flag zu dieser Kette springt. In der Kette sind zwei Regeln: eine, die ein Limit prüft und zur aufrufenden Regelkette zurückspringt und eine, die alle Datagramme, welche über dem Limit liegen, verwirft.

Die letzte Ketten, die von *delegate_input* aus angesprungen werden, sind im Modell mit *zone_name_input* (internal) bezeichnet. Wie viele Ketten das genau sind, hängt von den Firewall-Zonen ab, ich definiert habe Als erstes verzweigen diese Ketten zu den entsprechenden Ketten namens *input_name_rule*. Dann folgen die Regeln, die in LuCI oder UCI für die betreffende Zone konfiguriert wurden sowie einige automatisch generierte Regeln wie zum Beispiel die Regeln, die konfigurierte Port-Weiterleitungen zulassen. Als letztes verzweigen diese Ketten je nach gewählter Policy für die betreffende Zone zu einer der drei Ketten *zone_name_src_ACCEPT*, *zone_name_src_DROP* oder *zone_name_src_REJECT*.

Die Ketten *zone_name_src_ACCEPT* (internal), *zone_name_src_DROP* (internal) und *zone_name_src_REJECT* (internal) sind Policy-Ketten. Diese lösen die entsprechende Reaktion für Datagramme aus der betreffenden Zone aus, wenn bis dahin noch keine Entscheidung getroffen wurde.

Die Ketten *zone_name_dest_REJECT* und *zone_name_src_REJECT* enthalten jeweils einen Sprung zur Kette *reject*. Diesen habe ich im Modell nicht aufgenommen, um es nicht unnötig zu komplizieren. In der Kette *reject* werden alle Datagramme zurückgewiesen, und zwar mit TCP-Reset für TCP-Pakete und mit ICMP-Port-Unreachable für alle anderen.

Auf den ersten Blick mag das recht willkürlich erscheinen, es offenbart jedoch ein grundlegendes Design-Prinzip: Jede Regelkette hat einen ganz speziellen Zweck, auf den sich die darin enthaltenen Regeln konzentrieren.

Damit muss ich mir beim Hinzufügen von Regeln weniger Gedanken machen und kann mich ganz auf den Zweck der Regeln konzentrieren. Wenn ich die Policy für einen Bereich auswähle und damit den entsprechenden Sprung in der Kette *zone_name_input* festlege, muss ich nicht wissen, welche Interfaces dazugehören. Diese stehen in der entsprechenden Policy-Kette. Das gleiche gilt für die Input-Regeln der betreffenden Zone. Für diese werden die ankommenden Schnittstellen in der Kette *delegate_input* den Zonen zugeordnet.

Schauen wir uns als nächstes die **FORWARD** Regeln an. Dort finden wir nur einen Sprung zur Kette *delegate_forward* (internal). In dieser Kette geht es als erstes zur Kette *forwarding_rule*. Danach kommen einige automatisch generierte Regeln, wie zum Beispiel -m conntrack --ctstate RELATED,ESTABLISHED -j ACCEPT, die dafür sorgt, dass Datagramme von bestehenden Verbindungen akzeptiert werden. Danach folgen Sprünge zu den Regelketten *zone_name_forward*, die anhand des Ingress-Interfaces ausgewählt werden. Schließlich werden alle Datagramme, für die noch keine Entscheidung gefällt wurde mit einem Sprung zur Regelkette *reject* abgewiesen.

Die Regelkette *forwarding_rule* (user) ist reserviert für Regeln, die ich in */etc/firewall.user* definieren kann.

Die Ketten *zone_name_forward* (internal) enthalten einen Sprung zur Kette *forwarding_name_rule* sowie Regeln für die betreffende Zone. Da diese Regeln üblicherweise andere Zonen haben, gibt es hier Sprünge zu den Zonen *zone_name_dest_ACCEPT*, *zone_name_dest_DROP* und *zone_name_dest_REJECT*, die nur für Datagramme mit dem entsprechenden Egress-Interface greifen. Am Schluß der Kette *zone_name_forward* steht eine Policy-Regel, die bei Datagrammen greift, für die noch keine Entscheidung gefallen ist.

Bleiben als letztes die Regeln für den abgehenden Verkehr.

Von der vordefinierten Kette OUTPUT geht es zunächst zur Regelkette *delegate_output* (internal), die zu den Regelketten *output_rule* und den Ketten für die einzelnen Zonen *zone_name_output* verzweigt. Außerdem enthält diese Kette Firewallregeln mit hoher Priorität, wie zum Beispiel die Regel -m conntrack --ctstate RELATED,ESTABLISHED -j ACCEPT, dafür sorgt, dass Datenpakete von bestehenden Verbindungen – die an anderer Stelle im Regelwerk erlaubt wurden –

sofort durchgelassen werden.

Die Regelkette *output_rule* (user) ist für benutzerdefinierte Regeln für abgehende Verbindungen vom Router reserviert. Diese können wir über die Datei */etc/firewall.user* konfigurieren.

Die Regelketten *zone_name_output* (internal) enthalten einen zunächst einen Sprung zur zugehörigen Kette *output_name_rule*. Darauf folgen die Firewall-Regeln, die die entsprechende abgehende Zone betreffen und schließlich eine Policy-Regel für die betreffende Zone.

Die Kette *output_name_rule* (user) ist wie *output_rule* für benutzerdefinierte Regeln definiert, die ich in */etc/firewall.user* angeben kann. Im Gegensatz zu *output_rule* sehen die Regeln in dieser Kette aber nur Datenverkehr, der zu einer bestimmten Zone hinausgeht.

Tabelle nat

Für die Tabelle *nat* ist das Modell einfacher. Hier haben wir im Netfilter-Framework die drei Einsprungspunkte PREROUTING, OUTPUT und POSTROUTING, von denen die Firewall von OpenWrt nur PREROUTING und POSTROUTING verwendet.

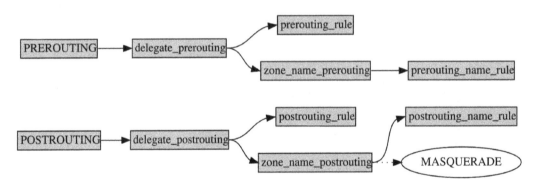

Modell der Tabelle nat

Von **PREROUTING** aus geht es in die Kette *delegate_prerouting* (internal). In dieser Kette finden wir einen Sprung zur Kette *prerouting_rule*, ein paar globale Pre-Routing-Regeln und die Verzweigungen zu den Ketten *zone_name_prerouting* für die einzelnen Firewall-Zonen.

Die Regelkette *prerouting_rule* (user) ist für benutzerspezifische Regeln, die ich in der Datei */etc/firewall.user* spezifiziere.

Die Ketten *zone_name_prerouting* (internal) enthalten einen Sprung zur Kette *prerouting_name_rule* und die DNAT-Regeln, die ich mit LuCI oder UCI für die betreffende Zone.

Die Regelketten *prerouting_name_rule* wiederum können benutzerspezifische Regeln für die betreffende Zone aufnehmen, die in */etc/firewall.user* spezifiziert werden.

Betrachten wir die Kette **POSTROUTING**, so finden wir dort nur einen Sprung zur Kette *delegate_postrouting* (internal). Darin finden wir einen Sprung zu *postrouting_rule*, globale Post-Routing-NAT-Regeln und Verzweigungen zu den Ketten *zone_name_postrouting*.

Die Regelkette *postrouting_rule* (user) ist für globale benutzerspezifische NAT-Regeln, die ich in der Datei */etc/firewall.user* konfigurieren kann.

In den Ketten *zone_name_postrouting* (internal) finden wir einen Sprung zu *postrouting_name_rule* sowie NAT-Regeln für die betreffende Zone. Das sind SNAT- und MASQERADE-Regeln, wie im Graphen bereits angedeutet.

Die Regelkette *postrouting_name_rule* (user) kann ich in der Datei */etc/firewall.user* nach eigenem Gutdünken mit NAT-Regeln für die betreffende Zone füllen.

Tabelle mangle

In dieser Tabelle gibt es nur zwei benutzerdefinierte Ketten.

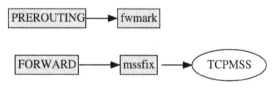

Modell der Tabelle mangle

Von **PREROUTING** aus geht es zur Kette *fwmark* (internal), die für MARK-Regeln verwendet wird.

Von **FORWARD** aus geht es zur Kette *mssfix* (internal). In dieser Kette kann ich die TCPMSS-Regeln finden. Das sind Regeln, die bei Datagrammen, welche eine neue TCP-Verbindung aufbauen (mit gesetztem SYN-Bit) die TCP-Option MSS (Maximum Segment Size) auf die MTU der abgehenden Schnittstelle beschränkt. Damit wird die

Path-MTU für TCP bei Verbindungen zu Netzen mit kleinerer MTU (zum Beispiel PPPoE-Verbindungen) automatisch angepasst.

Tabelle raw

Diese Tabelle wird nur für Datagramme genutzt, die vom Connection Tracking ausgenommen werden sollen.

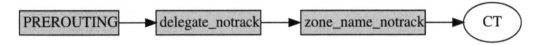

Modell der Tabelle raw

Von *PREROUTING* aus geht es zur Kette *delegate_notrack* (internal), die ihrerseits zu den Ketten *zone_name_notrack* verzweigt.

Die Ketten *zone_name_notrack* (internal) enthalten für die entsprechende Zone Regeln für Datagramme, die vom Connection Tracking ausgenommen werden sollen.

Die Webschnittstelle LuCI

Ein Vorteil der browserbasierten Konfiguration ist, dass sie Leuten, die die Kommandozeile eher scheuen, die Administration von OpenWrt akzeptabel machen kann. Insbesondere, wenn man längere Zeit keine Router konfiguriert hat, liefert die Webschnittstelle genügend Kontext, um eine kleine Änderung mal eben schnell einzustellen.

In den meisten Fällen wird LuCI auf Englisch eingestellt sein. Will ich die Konfiguration in deutscher Sprache, muss ich unter **System -> Software** die Pakete *luci-i18n-...-de* installieren. Danach sollte sich die Webschnittstelle automatisch auf die in den Spracheinstellungen des Browser gemachten Vorgaben einstellen. Tut sie das nicht, kann ich unter **System -> System** im Reiter *Language and Style* die Einstellungen anpassen. In diesem Buch beziehe ich mich auf das englischsprachige Interface.

LuCI merkt sich Änderungen, die ich noch nicht aktiviert habe und zeigt dann oben rechts einen anklickbaren Hinweistext: "Unsaved Changes". Klicke ich darauf, zeigt mir LuCI die noch nicht aktivierten Änderungen der Kommandozeilenoberfläche UCI. Dann kann ich diese anwenden oder verwerfen.

Auf der Kommandozeile kann ich diese Änderungen mit `uci changes` anzeigen lassen, mit `uci commit` aktivieren oder mit `uci revert ...` zurücknehmen.

Damit genug des Vorgeplänkels, kommen wir zur Konfiguration der Firewall mit LuCI.

Zuordnung der Netzwerke und Schnittstellen

Ich beginne, indem ich die Schnittstellen, die mein Gerät besitzt, den Netzwerken respektive Firewall-Zonen meiner Policy zuordne.

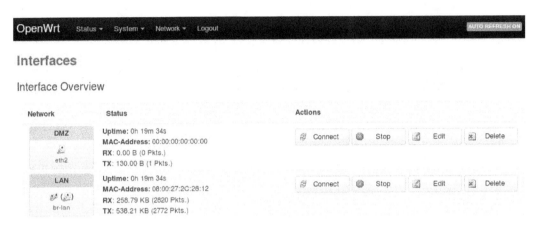

Network -> Interfaces

Bei OpenWrt habe ich verschiedene Möglichkeiten, die Schnittstellen zuzuordnen: eine Firewall-Zone kann eine Schnittstelle umfassen oder mehrere Schnittstellen, wobei eine Schnittstelle aus einem physischen Anschluss bestehen kann oder aus mehreren Anschlüssen, die zu einer Bridge zusammengefasst sind.

Für diese Zuordnung gehe ich in den Menüpunkt **Network -> Interfaces** und wähle eine Schnittstelle über den Schalter *Edit* aus, oder füge eine neue Schnittstelle mit dem Schalter *Add new interface* hinzu.

Interfaces - DMZ

On this page you can configure the network interfaces. You can bridge several interfaces by ticking the "bridge interfaces" field and enter the names of several network interfaces separated by spaces. You can also use VLAN notation INTERFACE.VLANNR (e.g.: eth0.1).

Common Configuration

General Setup   Advanced Settings   Physical Settings   Firewall Settings

Status	eth2	**Uptime:** 0h 20m 53s **MAC-Address:** 00:00:00:00:00:00 **RX:** 0.00 B (0 Pkts.) **TX:** 130.00 B (1 Pkts.)

Protocol — Static address

IPv4 address

IPv4 netmask

IPv4 gateway

IPv4 broadcast

Use custom DNS servers

IPv6 assignment length — disabled

◉ Assign a part of given length of every public IPv6-prefix to this interface

IPv6 address

Network -> Interfaces -> DMZ -> General Setup

Im Reiter *General Setup* stelle ich bei *Protokol* ein, wie die Adressen konfiguriert werden (Statische Adresse, DHCP-Client, Ignoriert, ...) und trage nötigenfalls die Netzwerk-Konfiguration selbst ein.

Im unteren Bereich habe ich die Möglichkeit einen DHCP-Server für diese Schnittstelle bereitzustellen.

Interfaces - DMZ

On this page you can configure the network interfaces. You can bridge several interfaces by ticking the "bridge interfaces" field and enter the names of several network interfaces separated by spaces. You can also use VLAN notation INTERFACE.VLANNR (e.g.: eth0.1).

Common Configuration

General Setup   Advanced Settings   Physical Settings   Firewall Settings

Bring up on boot   ☑

Use builtin IPv6-management   ☑

Override MAC address

Override MTU

Use gateway metric

Network -> Interfaces -> DMZ -> Advanced Settings

Beim Reiter *Advanced Settings* vergewissere ich mich, dass die Schnittstelle während des Bootvorgangs aktiviert wird. Bei *Use builtin IPv6-Management* lasse ich den Haken gesetzt. Weiter kann ich hier bei Bedarf die MAC-Adresse, die MTU und die Gateway-Metrik vorgeben.

Interfaces - DMZ

On this page you can configure the network interfaces. You can bridge several interfaces by ticking the "bridge interfaces" field and enter the names of several network interfaces separated by spaces. You can also use VLAN notation INTERFACE.VLANNR (e.g.: eth0.1).

Common Configuration

General Setup   Advanced Settings   Physical Settings   Firewall Settings

Bridge interfaces   ☐   ⊘ creates a bridge over specified interface(s)

Interface   ○   Ethernet Adapter: "eth0" (lan)

○   Ethernet Adapter: "eth1" (wan)

◉   Ethernet Adapter: "eth2" (DMZ)

○   Ethernet Adapter: "eth3"

○   Custom Interface:

Network -> Interfaces -> DMZ -> Physical Settings

Beim Reiter *Physical Settings* kann ich die zu einer Bridge gehörenden Anschlüsse festlegen oder eine einzelne Schnittstelle auswählen, wenn ich keine Bridge in der Zone betreibe.

Interfaces - DMZ

On this page you can configure the network interfaces. You can bridge several interfaces by ticking the "bridge interfaces" field and enter the names of several network interfaces separated by spaces. You can also use VLAN notation INTERFACE.VLANNR (e.g.: eth0.1).

Common Configuration

| General Setup | Advanced Settings | Physical Settings | Firewall Settings |

Create / Assign firewall-zone

    ◉   dmz: [DMZ:]

    ○   lan: [lan:]

    ○   wan: [wan:]

    ○   unspecified -or- create: [   ]

@ Choose the firewall zone you want to assign to this interface. Select *unspecified* to remove the interface from the associated zone or fill out the *create* field to define a new zone and attach the interface to it.

Network -> Interfaces -> DMZ -> Firewall Settings

Beim Reiter*Firewall Settings* weise ich die Zonen für die Firewall zu oder lege eine neue Firewallzone an. Diese Zonen sind die Zonen im Modell aus dem vorigen Kapitel, die im Graphen unter "name" zusammengefasst sind.

Habe ich Netzwerke, die nicht direkt mit dem Gerät verbunden sind und verwende kein Routing-Protokoll, kann ich über den Menüpunkt **Network -> Static Routes** das Gateway dorthin angeben.

Routes

Routes specify over which interface and gateway a certain host or network can be reached.

Static IPv4 Routes

Interface	Target	IPv4-Netmask	IPv4-Gateway	Metric	MTU
	Host-IP or Network	If target is a network			

Network -> Static Routes

Routen für IPv6 kann ich auf der gleichen Seite eingeben.

Damit habe ich die grundlegenden Netzwerkeinstellungen und kann mich der eigentlichen Konfiguration der Firewall widmen.

Allgemeine Firewall-Einstellungen

Ich beginne beim Menü **Network** -> **Firewall** im Reiter *General Settings*.

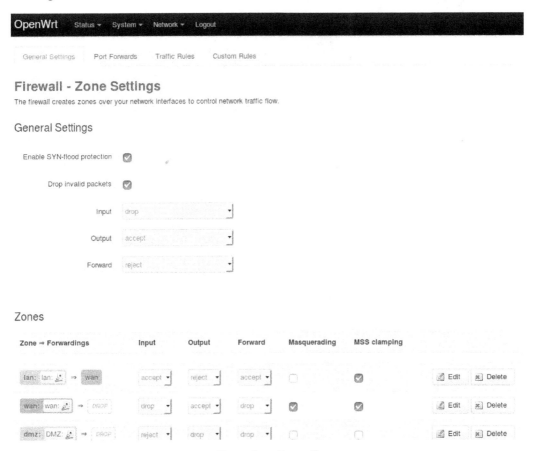

Network -> Firewall

Mit einem Haken kann ich den Schutz vor SYN-Flood-Attacken aktivieren, was mir für TCP-Datagramme beim Verbindungsaufbau in der Iptables-Tabelle *filter* einen Sprung von der Regelkette *delegate_input* zur Kette *syn_flood* beschert. Das heißt, dieser Schutz gilt nur für Datagramme direkt an das Gerät und nicht für die Netze hinter der Firewall.

Mit dem Haken *Drop invalid packets* kommt in jede der Regelketten *delegate_-forward*, *delegate_input* und *delegate_output* eine Regel, die ungültige Datagramme verwirft. Ungültige Datagramme sind Datagramme mit ungültigen Headern, Prüfsummen oder TCP-Flags, ungültige ICMP-Nachrichten und Pakete außer der Reihe, die zum Beispiel bei Attacken mit Vorhersage der Sequenznummer entstehen.

Bei den Richtlinien für *Input, Output* und *Forward* lege ich die Policy der drei System-Regelketten INPUT, OUTPUT und FORWARD fest, wie mit Datagrammen verfahren wird, für die es keine explizite Regel gibt.

Im Abschnitt *Zones* kann ich detaillierte Vorgaben machen. Hier finde ich die Firewall-Zonen aus den Netzwerkeinstellungen.

In der Tabelle *Zone Forwardings* gebe ich vor, zwischen welchen Zonen Daten ausgetauscht werden dürfen. Mit dem Schalter *Add* kann ich weitere Weiterleitungen definieren. Über den Schalter *Edit* kann ich bestehende Weiterleitungen modifizieren.

General Settings   Port Forwards   Traffic Rules   Custom Rules

Firewall - Zone Settings - Zone "dmz"

Zone "dmz"

This section defines common properties of "dmz". The *input* and *output* options set the default policies for traffic entering and leaving this zone while the *forward* option describes the policy for forwarded traffic between different networks within the zone. *Covered networks* specifies which available networks are members of this zone.

General Settings   Advanced Settings

Name   dmz

Input   reject

Output   drop

Forward   drop

Masquerading   ☐

MSS clamping   ☐

Covered networks ☑   DMZ

Network -> Firewall > Zone > General Settings

Hier kann ich - analog zu den globalen Richtlinien - festlegen, wie mit Datagrammen zwischen zwei Zonen verfahren wird, für die es keine explizite Regel gibt. Das heißt ich lege die Policy für den Datenverkehr zwischen diesen beiden Zonen fest.

Mit dem Haken bei *Masquerading* stelle ich dieses für abgehende Datagramme in dieser Zone ein. Bei SOHO-Routern setze ich diesen Haken üblicherweise am WAN-Interface beziehungsweise bei der zugehörigen Zone.

Der Haken bei *MSS Clamping* erzeugt in Iptables-Tabelle *mangle* eine Regel in der Kette *mssfix*, mit der beim Aufbau von TCP-Verbindungen die Maximum Segment Size (MSS) an die MTU der Zone anpasst. Das brauche ich zum Beispiel bei PPPoE-Verbindungen (DSL), bei denen ein Teil des Ethernet-Frames für Verwaltungsinformationen draufgeht und nur 1492 statt 1500 Byte für die IP-Datagramme zur Verfügung stehen.

Die *Covered Networks* entsprechen denen in den Netzwerkeinstellungen

Bei *Inter-Zone-Forwarding* stelle ich ein, zu beziehungsweise von welchen Zonen ich Datagramme weiterleiten möchte. Dabei bewirkt ein Haken bei den entsprechenden Zonen, dass ein Sprung in der Kette *zone_quellname_forward* zur Kette *zone_zielname_dest_ACCEPT* angelegt wird.

Firewall - Zone Settings - Zone "dmz"

Zone "dmz"

This section defines common properties of "dmz". The *input* and *output* options set the default policies for traffic entering and leaving this zone while the *forward* option describes the policy for forwarded traffic between different networks within the zone. *Covered networks* specifies which available networks are members of this zone.

General Settings   Advanced Settings

Restrict to address family	IPv4 and IPv6
Restrict Masquerading to given source subnets	
Restrict Masquerading to given destination subnets	
Force connection tracking	☐
Enable logging on this zone	☐

Inter-Zone Forwarding

The options below control the forwarding policies between this zone (dmz) and other zones. *Destination zones* cover forwarded traffic **originating from "dmz"**. *Source zones* match forwarded traffic from other zones **targeted at "dmz"**. The forwarding rule is *unidirectional*. e.g. a forward from lan to wan does *not* imply a permission to forward from wan to lan as well.

Allow forward to *destination* zones: ☐  lan: lan:

Network -> Firewall > Zone > Advanced Settings

In den *Advanced Settings* kann ich die Zonen auf eine Adressfamilie (IPv4, IPv6) beschränken.

Weiterhin kann ich Masquerading auf bestimmte Quell- oder Zielnetze einschränken.

Connection Tracking ist nur bei NAT automatisch aktiv. Hier kann ich es gezielt einschalten, genauso wie das Logging für die Zone.

Port Forwards

Network -> Firewall > Port Forwards

Insbesondere bei Masquerading, wie ich es in SOHO-Routern oft finde, habe ich keine Möglichkeit, von der externen Seite aus, einen Rechner auf der internen Seite zu erreichen, da der Router das einzige Gerät ist, dessen Adresse im externen Netz bekannt ist.

Hier helfe ich mir mit Port-Weiterleitungen zumindest für TCP und UDP weiter. Dabei gebe ich einen frei wählbaren Namen für die Weiterleitung an, das Protokoll, die externe Zone und den Port, sowie die interne Zone, Adresse und Port, an die die Datagramme weitergeleitet werden sollen. Über den Schalter "Add" füge ich eine Portweiterleitung hinzu.

Beim Protokoll habe ich die Auswahl zwischen:

- TCP+UDP: die Portweiterleitung gilt gleichermaßen für beide Protokolle
- TCP: nur für TCP
- UDP: nur für UDP

- Other: für andere Protokolle, zum Beispiel ICMP

Die Weiterleitung für andere Protokolle ist etwas kompliziert. Diese lässt sich am besten über den Schalter "Edit" einer bestehenden Weiterleitung einstellen. Auf jeden Fall muss ich die erzeugte Regel kontrollieren und ausprobieren.

Traffic Rules

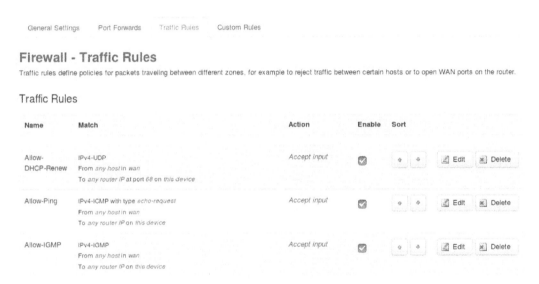

Network -> Firewall > Traffic Rules

Beim Reiter *Traffic Rules* finde ich eine sortierte Liste von Regeln, in die ich meine eigenen einfügen kann.

Einige Regeln sind bereits vordefiniert, wie zum Beispiel

- Allow-DHCP-Renew
- Allow-Ping
- Allow-ICMP
- Allow-DHCPv6
- Allow-MLD
- Allow-ICMPv6-Input
- Allow-ICMPv6-Forward

- Regeln für das Durchlassen von IPsec-Tunneln

Diese Regeln kontrolliere ich, ob ich sie wirklich haben möchte, und deaktiviere die unerwünschten. Außerdem kann ich diese Regeln als Muster für meine eigenen verwenden.

Weiterhin kann ich hier Ports öffnen, falls ich lokale Dienste auf dem Router betreibe, Regeln für die Weiterleitung vorgeben oder mit *Source NAT* die volle Kontrolle über die Quelladressen auszuüben.

Custom Rules

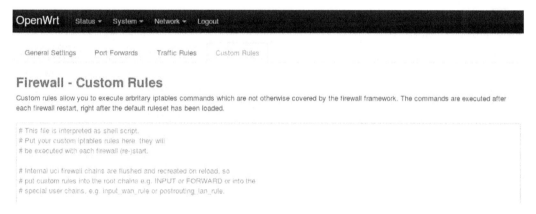

Network -> Firewall > Custom Rules

Habe ich ein Problem, das ich mit LuCI nicht in entsprechende Regeln fassen kann, besteht die Möglichkeit, beliebige Iptables-Befehle in einem Shell-Skript aufzurufen. Das Skript wird mit jedem Neustart der Firewall, direkt nach dem Abarbeiten der Basis-Regeln abgearbeitet.

Diese Regeln sind am besten in den System-Regelketten oder den explizit als User-Regelketten ausgewiesenen Ketten aufgehoben. Vergleiche dazu die Ausführungen zum Modell der OpenWrt-Firewall im vorigen Kapitel.

Die zentrale Konfigurationsschnittstelle UCI

UCI steht für Unified Configuration Interface, die zentrale Schnittstelle für die Konfiguration von OpenWrt.

Es gibt ein Kommandozeilenprogramm (uci) sowie API-Bindungen für verschiedene Programmiersprachen. Das im vorigen Kapitel besprochene Webinterface LuCI verwendet UCI als Backend für die Konfiguration.

Ich verwende UCI direkt über das Kommandozeilenprogramm,

- wenn kein Webinterface installiert ist,
- für die automatisierte Konfiguration und
- wenn ich bereits via SSH angemeldet bin und schnell etwas anpassen will.

Allgemeine Prinzipien

UCI arbeitet mit Konfigurationsdateien im Verzeichnis */etc/config*. Jede dieser Dateien deckt einen Bereich der Konfiguration ab, wie zum Beispiel *network* für die Netzwerk-Einstellungen und *firewall* für die Firewall-Einstellungen.

Ich kann die Dateien mit einem beliebigen Texteditor bearbeiten oder mit dem Kommandozeilenprogramm uci. In eigenen Programmen kann ich auf die API für verschiedene Programmiersprachen (C, Lua, Shell) zurückgreifen.

Damit eine Änderung in der Konfiguration wirksam wird, muss anschließend der entsprechende Dienst neu gestartet werden, zum Beispiel für die Firewall:

```
# /etc/init.d/firewall restart
```

Manchmal heißen die Skripts zum Neustart eines Dienstes unter */etc/init.d/* genau wie die Konfigurationsdatei in */etc/config/*. In einigen Fällen muss ich andere Skripts zum Neustart des Dienstes verwenden. Einen Hinweis, welches Skript zu welcher Konfiguration gehört, liefert die Datei */etc/config/lucitrack* aus dem Paket *luci-base*.

Init-Skripts analysieren

Um das richtige Skript zu finden, befrage ich UCI, zum Beispiel für die Firewall:

```
# less /etc/init.d/$(uci get ucitrack.@firewall[0].init)
```

Das Skript beginnt mit dieser Zeile:

```
#!/bin/sh /etc/rc.common
```

Diese bedeutet, dass in dem Beispiel mit dem Neustart der Firewall die Shell das Skript */etc/rc.common* mit den Argumenten */etc/init.d/firewall* und *restart* aufruft. Will ich also eines der Startup-Skripts analysieren, fange ich bei */etc/rc.common* an, um die in den Skripts verwendeten Funktionen zu verstehen.

Syntax der Konfigurationsdateien

Die Syntax der Dateien unter */etc/config/* ist recht einfach. Die Anweisungen stehen auf jeweils einer Zeile und beginnen mit einer Direktive auf die spezifische Argumente folgen.

Es gibt die folgenden Direktiven:

- `package $name` - leitet einen Konfigurationsbereich ein.

  Fehlt diese Direktive, dient der Dateiname als Name für den Bereich.

  Beispiel:

  ```
  package network
  ```

- `config $styp [ $sname ]` - leitet eine neue Sektion in einem Bereich ein. Alle folgenden Direktiven bis zum nächsten `config` gelten für diese Sektion. Zur besseren Lesbarkeit sind diese oft eingerückt, das ist aber nicht notwendig.

  Beispiel:

```
config interface 'lan'
```

- `option $oname $ovalue` - weist in einer Sektion einem Bezeichner einen Wert zu. Die Bedeutung des Bezeichners und des Wertes hängt von der Sektion ab.

Beispiel:

```
option ipaddr '192.168.1.1'
```

- `list $lname $lvalue` - weist einer Liste einen weiteren Wert zu. Ähnlich der Direktive `option` ist die Bedeutung vom Bereich und der Sektion abhängig.

Beispiel:

```
list network 'wan1'
list network 'wan2'
```

Als Boolesche Werte kann ich '1', 'on', 'yes' beziehungsweise '0', 'off', 'no' verwenden.

Alle anderen Werte können beliebige Zeichenketten sein. Enthalten diese Leerzeichen oder Tabulatoren, muss ich sie mit einfachen oder doppelten Anführungszeichen begrenzen.

Die Bezeichner und Dateinamen dürfen nur die Zeichen _, *A-Z*, *a-z* und *0-9* enthalten.

Das Kommandozeilenprogramm uci

An dieser Stelle gebe ich nur eine kurze Einführung in das Kommandozeilenprogramm. Dieses zeigt alle unterstützte Optionen und Befehle an, wenn man es ganz ohne Argumente aufruft.

Die wichtigsten Befehle sind für mich:

- `uci show [$config[.$section[.$option]]]`

Damit zeigt `uci` die spezifizierten Daten (oder alles) in der Form an, in der ich es mit `uci add` oder `uci set` konfigurieren kann.

- 'uci get $config.$section[.$option]

Dieser Aufruf liefert nur den Wert, den ich dann in einem Skript weiter verwenden kann.

Um zum Beispiel den DHCP-Dämon neu zu starten, kann ich folgendes aufrufen und brauche nicht zu wissen, dass das Init-Skript *dnsmasq* heißt:

```
/etc/init.d/$(uci get ucitrack.@dhcp[0].init) restart
```

Beim Aufruf von Hand bin ich wahrscheinlich schneller, wenn ich direkt in /etc/init.d/ nachsehe. Ein Skript wird damit jedoch robuster gegenüber Änderungen.

- uci export [$config]

Dieser Aufruf zeigt die Konfiguration in der Form, wie sie in den Konfigurationsdateien steht. Mit uci import kann ich das wieder importieren, so dass sich diese beiden Befehle für Backup und Restore der Konfiguration eignen.

- uci import

Liest den mit uci export erstellten Text wieder ein.

- uci changes

listet Änderungen, die noch nicht mit uci commit bestätigt wurden.

- uci revert $config[.$section[.$option]]

macht unbestätigte Änderungen rückgängig.

- 'uci commit [$config]

bestätigt die Änderungen, indem es sie in die Konfigurationsdatei unter /etc/config/ schreibt.

- uci add|delete|add_list|del_list|set ...

sind für einzelne Änderungen.

Neben den genannten Befehlen interessiert mich noch die Option -p, mit der ich einen Suchpfad für die variablen Konfigurationsdaten vorgeben kann. So finden sich in /var/state/network Laufzeitinformation zur Netzkonfiguration, die uci mir nur anzeigt, wenn ich den Suchpfad auf /var/state lege:

```
# uci -p /var/state network
network.lan.up=1
network.lan.device=eth0 eth1 eth2
network.lan.ifname=br-lan
network.loopback.up=1
network.loopback.device=lo
```

Habe ich eine neue Listenoption angelegt, kann ich diese mit dem Index `-1` referenzieren und muss mich nicht um die genaue Position in der Liste kümmern:

```
# uci add firewall rule
# uci set firewall.@rule[-1].src = wan
# uci set firewall.@rule[-1].target = ACCEPT
# uci set firewall.@rule[-1].proto = tcp
# uci set firewall.@rule[-1].dest_port = 22
# uci commit
# /etc/init.d/firewall restart
```

Konfiguration der Firewall

Bei der Firewall kennt UCI die folgenden Sektionen:

- defaults
- zone
- rule
- include
- forwarding
- redirect
- ipset

Alle Sektionen sind Listeneinträge, das heißt ich greife darauf mit der Notation 'firewall.@sektion[$index]' zu.

Detaillierte Informationen finde ich auf der Wikiseite zur Firewall-Konfiguration[5]

Sektion defaults

Ich kann mir die Einstellungen anzeigen lassen mit:

---

[5]https://wiki.openwrt.org/doc/uci/firewall

```
# uci show firewall.@default[0]
```

Es gibt nur einen Listeneintrag.

Hier kann ich die globalen Einstellungen treffen, die ich in LuCI bei der Startseite für die Firewall finde.

Den Schutz vor SYN-Flood-Atacken aktiviere ich mit

```
# uci set firewall.@defaults[0].syn_flood=1
```

Um ungültige Datenpakete zu verwerfen gebe ich das folgende ein:

```
# uci set firewall.@defaults[0].drop_invalid=1
```

Entsprechend gebe ich die Policies für die drei Einsprungsketten vor:

```
# uci set firewall.@defaults[0].input=DROP
# uci set firewall.@defaults[0].output=ACCEPT
# uci set firewall.@defaults[0].forward=REJECT
```

Da iptables keine REJECT Policy kennt, landet in diesem Fall ein Sprung zur Kette *reject* in der Kette *delegate_forward*.

Sektion zone

Diese Liste enthält so viele Elemente, wie Zonen definiert sind.

Eine Übersicht über die Einstellungen aller Zonen bekomme ich mit

```
# uci show firewall|grep zone
```

Ich kann in dieser Sektion die allgemeinen Einstellungen für eine Zone vorgeben. Um beispielsweise eine neue Zone für die WAN-Schnittstelle zu definieren würde ich das folgende eingeben:

```
# uci add firewall zone
# uci set firewall.@zone[-1].name=wan
# uci set firewall.@zone[-1].input=DROP
# uci set firewall.@zone[-1].output=DROP
# uci set firewall.@zone[-1].forward=DROP
# uci set firewall.@zone[-1].masq=1
# uci set firewall.@zone[-1].mtu_fix=1
# uci set firewall.@zone[-1].network=ppp0
```

Der erste Aufruf legt eine neue Zone an und der zweite benennt diese.

Die Optionen *input*, *output* und *forward* bestimmen die Policies für diese Zone.

Mit der Option *masq* kann ich bestimmen, dass alle Datagramme für diese Zone mit der selben Absenderadresse hinausgehen sollen.

Die Option *mtu_fix* sorgt dafür, dass die MSS beim TCP-Verbindungsaufbau an die MTU der Verbindung angepasst wird.

Die Option *network* schließlich bezeichnet die Interfaces in den Netzwerkeinstellungen, die dieser Firewall-Zone zugeordnet werden.

Sektion rule

In LuCI wird bei den Firewallregeln unterschieden nach

- Regeln, die einen Port am Router öffnen und
- Regeln für die Weiterleitung

Diese gebe ich auf unterschiedliche Art ein.

Regeln, die einen Port am Router öffnen

Um beispielsweise den SSH-Port auf der WAN-Seite zu öffnen, gebe ich folgendes ein:

```
# uci add firewall rule
# uci set firewall.@rule[-1].name=Allow-SSH
# uci set firewall.@rule[-1].target=ACCEPT
# uci set firewall.@rule[-1].src=wan
# uci set firewall.@rule[-1].proto=tcp
# uci set firewall.@rule[-1].dest_port=22
```

Der erste Aufruf legt die Regel an und der zweite benennt sie.

Die Option *target* gibt an, wie mit den passenden Datagrammen zu verfahren ist, ACCEPT heißt zulassen.

Die Option *src* legt die Zone (wan) fest, *proto* (tcp) und *dest_port* (22) sind spezifisch für SSH.

Regeln für das Weiterleiten von Traffic

Um Datenverkehr in andere Zonen weiterzuleiten, muss ich sowohl die Quell- als auch die Ziel-Zone angeben, wie in folgendem Beispiel:

```
# uci add firewall rule
# uci set firewall.@rule[-1].name=Allow-LAN-WAN
# uci set firewall.@rule[-1].enabled=1
# uci set firewall.@rule[-1].target=ACCEPT
# uci set firewall.@rule[-1].src=lan
# uci set firewall.@rule[-1].dest=wan
```

Sektion include

Diese Sektion enthält nur einen Eintrag: den Namen der Datei, in der ich eigene Regeln ablege, die ich mit UCI oder LuCI nicht einstellen kann.

Hier ist der Name */etc/firewall.user* voreingestellt.

Habe ich eine experimentelle Konfiguration, zu der ich schnell umschalten will, dann kann ich das mit den folgenden Befehlen:

```
# uci set firewall.@include[0].path=/etc/firewall.other
# /etc/init.d/firewall restart
```

Dabei gehe ich davon aus, dass die experimentelle Firewall-Konfiguration in der Datei */etc/firewall.other* abgelegt ist.

Ich kann auch mehrere Skript-Dateien angeben, die nacheinander aufgerufen werden.

Sektion forwarding

Die Sektion *forwarding* steuert den Datenverkehr zwischen den Zonen und kann MSS-Clamping in bestimmten Richtungen aktivieren.

Eine *forwarding* Regel deckt nur eine Richtung ab. Um den Verkehr in beiden Richtungen zu regulieren, muss ich daher zwei Regeln definieren.

```
# uci add firewall forwarding
# uci set firewall.@forwarding[-1].src=lan
# uci set firewall.@forwarding[-1].dest=wan
```

Sektion redirect

In dieser Sektion landen die Regeln für die Adressumsetzung.

```
# uci add firewall redirect
# uci set firewall.@redirect[-1].name=Masquerade
# uci set firewall.@redirect[-1].enabled=1
# uci set firewall.@redirect[-1].target=SNAT
# uci set firewall.@redirect[-1].src=lan
# uci set firewall.@redirect[-1].dest=wan
# uci set firewall.@redirect[-1].proto=all
# uci set firewall.@redirect[-1].src_dip=192.168.1.1
```

Section ipset

Die UCI firewall ab Version 3 kann mit IPsets umgehen. Das bietet die Möglichkeit, große Adress- und/oder Portlisten in einer einzigen Regel abzuhandeln. Damit wird die Firewall entlastet, da IPsets sehr effizient beim Behandeln von großen Listen sind. Außerdem kann ich über die IPsets dynamisch die Listen ändern, ohne jedesmal die Firewall neu konfigurieren zu müssen.

Um IPsets verwenden zu können, muss das Paket *ipset* installiert sein, entweder bereits im OpenWrt-Image oder mit:

```
# opkg install ipset
```

Mit UCI kann ich IPsets lediglich anlegen beziehungsweise extern angelegte IPsets referenzieren. Um konkrete Adressen oder Ports zum IPset hinzuzufügen oder zu entfernen, verwende ich den `ipset` Befehl direkt oder in einem Skript.

Dieses Skript kann ich über die Sektion *include* automatisch beim Modifizieren der Firewall aufrufen lassen oder via `cron`, wenn das Skript die Daten von externen Quellen holt.

Praktische Fragen

Wie ermittle ich meine persönlichen Anforderungen?

Bevor ich Zeit in ein Projekt mit einem OpenWrt Router investiere, ist es sinnvoll, dass ich meine ganz persönlichen Anforderungen definiere. Das kann mir später unliebsame Überraschungen ersparen, wenn ich rechtzeitig merke, dass mein Wunschgerät doch nicht geeignet ist. Selbst wenn ich es erst spät merke, dass meine Vorstellungen nicht erreichbar sind, fällt es mir leichter, die Positionen zu identifizieren, bei denen ich Kompromisse machen kann, wenn ich meine ursprünglichen Ziele dokumentiert und vielleicht sogar priorisiert habe.

Im Wesentlichen muss ich mir über drei Fragenkomplexe Gedanken machen:

- Wofür will ich das System einsetzen?
- Wieviel Geld und Zeit will ich investieren?
- Mit welchem Datenaufkommen rechne ich?

Wofür will ich das System einsetzen?

Soll es ein einfacher filternder Router sein, ein Captive Portal für ein WLAN oder sollen weitere Dienste darauf laufen? Wenn noch zusätzliche Dienste darauf laufen sollen, dann welche?

Wieviel Geld und Zeit will ich investieren?

Wenn das Projekt nur zum Lernen ist, will ich vielleicht weniger Geld in die Hand nehmen, dafür aber mehr Zeit damit verbringen. Habe ich einen konkreten Einsatzzweck, bestimmt dieser mein Budget.

Da OpenWrt nahezu kostenlos erhältlich ist, wird das meiste Geld vermutlich in die Hardware gehen. Bei deren Auswahl lasse ich mich von der Tabelle der unterstützten Hardware[6] leiten.

---

[6]http://wiki.openwrt.org/toh/start

Vielleicht will ich auch etwas Geld in die Hand nehmen und jemand beauftragen, der mir beim Zusammenstellen des Systems hilft.

Mit welchem Datenaufkommen rechne ich?

Diese Frage bestimmt, welche Hardware überhaupt für mein Vorhaben geeignet ist. Und darüber dann, wieviel Geld ich in die Hand nehmen muss. Ich kann OpenWrt auf kleinen WLAN-Routern für wenige Euro einsetzen, die vielleicht gerade mal ein paar MBit pro Sekunde schaffen und für bestimmte Einsatzzwecke ausreichen. Benötige ich mehr Durchsatz, gibt es Geräte mit Gigabit-Schnittstellen und mehreren Prozessorkernen, die recht wenig elektrische Leistung benötigen und somit problemlos im Dauerbetrieb laufen können. Will ich nur wenige Rechner über eine DSL-Leitung von mehreren Kilometern Länge anschließen, reicht vielleicht das erste. Möchte ich hingegen einen Streaming-Server mit mehreren Clients verbinden, benötige ich eher etwas Schnelleres.

Von Vorteil ist, wenn ich meine persönlichen Anforderungen nicht nur notiere, sondern gleich vermerke, bis zu welchem Grad ich bei den einzelnen Positionen zu Kompromissen bereit bin.

Alle drei Komplexe sind von einander abhängig. Während die erste Frage im Allgemeinen harte Kriterien für die spätere Auswahl eines Gerätes liefert, sind die Kriterien Geld und Leistungsfähigkeit eher fließend. Hier ist es nicht so einfach, zu einer Entscheidung zu kommen.

Es empfiehlt sich, ähnlich wie allgemein beim Rechnerkauf nur soviel Leistung zu kaufen, wie im Moment benötigt wird, zuzüglich einer Reserve für den Ausfall von Geräten und kurzfristige Leistungsspitzen. Später lohnt es sich mitunter, die dann aktuellen Preise und Geräte erneut zu untersuchen.

Auswahl von Hardware und Software

Nachdem ich mir Gedanken über meine Anforderungen an das Projekt gemacht habe, ist der nächste Schritt, geeignete Hardware und Software auszuwählen.

Hardware

Ein erster Anlaufpunkt für die Auswahl der Hardware ist der Buyer's Guide[7] von OpenWrt. Darin finde gleich am Anfang drei Hinweise, die den Auswahlprozess kurz und prägnant zusammenfassen:

- Es gibt keine *beste Hardware*, kaufe das, was Deinen Anforderungen genügt.
- Informiere Dich selbst über den aktuellen Hardware-Support und frag andere Benutzer nach Empfehlungen.
- Meide überteuerte Produkte, Hardware für OpenWrt kann sehr billig sein.

Mit diesen Ratschlägen im Hinterkopf kann ich mich auf die Kenndaten der Hardware konzentrieren.

LAN - Ethernet

Üblicherweise - und insbesondere bei Projekten, die starken Gebrauch vom Linux-Paketfilter machen - arbeite ich mit IP-Netzwerken und Ethernet.

So gut wie alle Hardware, auf die OpenWrt portiert ist, hat Anschlüsse für Ethernet. Hier interessiert mich einerseits die Anzahl dieser Anschlüsse und andererseits, wie schnell diese arbeiten können.

---

[7]http://wiki.openwrt.org/toh/buyerguide

WLAN - drahtlose Netze

Bei WLAN interessiert mich natürlich ebenfalls die Anzahl der Anschlüsse, wobei für die meisten Anwendungen einer ausreichen dürfte.

Außerdem schaue ich nach, welche Substandards aus der IEEE-802.11-Familie die Adapter unterstützen.

Besonders wichtig ist, wie gut die Adapter mit Treibern unterstützt werden. Wenn es gute quelloffene Treiber gibt, ziehe ich diese proprietären Treibern vor. Allzuoft halten proprietäre Treiber nicht mit der Entwicklung des Kernels Schritt und werden dann von neueren Kernels nicht mehr unterstützt. Damit wäre mein Projekt auf eine bestimmte Version des Kernels festgenagelt und könnte nicht von der Weiterentwicklung des Kernels profitieren.

Eine weiterer wichtiger Aspekt kann die Möglichkeit sein, externe Antennen anschließen zu können. Das hängt vom Projekt ab.

Prozessor und Speicher

Die Leistung des Prozessors und der Speicherplatz sind zwei Kriterien, die ich vor allem bei ambitionierten Projekten berücksichtigen muss, wenn noch weitere Dienste auf dem Gerät laufen sollen.

Beim Speicher geht es dabei einerseits um den für die Prozesse zur Verfügung stehenden RAM sowie andererseits um den Platz auf dem Flash-Speicher für die Programme und Daten. Letzterer lässt sich möglicherweise über USB-Anschlüsse oder eingebaute Kartenleser erweitern, falls diese eingebaut sind.

Der Prozessor sollte auf jeden Fall schnell genug sein, um sämtliche Netzwerk-schnittstellen zu bedienen. Für zusätzliche Dienste und / oder kryptographische Anwendungen wie VPNs oder TLS-Server sollte noch genügend Reserve da sein.

Anschlüsse

Je nach Einsatzfall benötige ich vielleicht zusätzliche Anschlüsse am Gerät.

Mit einem USB-Anschluss kann ich es universell erweitern und sowohl zusätzlichen Speicherplatz wie auch weitere Netzwerkkarten und andere Peripherie anschließen.

Einen seriellen Anschluss kann ich als Konsole nutzen oder zur Ansteuerung von externen Geräten.

Knöpfe, Schalter, Anzeigen

Bedienelemente erlauben das Gerät auch ohne Netzanschluss zu manipulieren, zum Beispiel um in den OpenWrt Failsave Modus zu starten.

Eine Anzeige kann mir Auskunft über aktuelle Betriebszustände geben.

Preis

Ein weiteres Kriterium für die Auswahl der Hardware ist der Preis. Insbesondere, wenn ich mir noch nicht klar über die genauen Anforderungen bin, kann ich zunächst zu billiger Hardware greifen, um über Monitoring die benötigten Parameter zu ermitteln und dann gezielt meine Kriterien anzupassen.

Der *OpenWrt Buyer's Guide* verlinkt für einige Länder auf spezielle Filter bei Preisvergleichsportalen, die helfen, preiswerte aktuelle Hardware für OpenWrt zu finden.

Software

Ein Hauptkriterium bei der Auswahl der Software ist ihre Eignung für den Einsatzzweck.

OpenWrt verfügt zur Zeit über ein Repository mit etwa 2000 Softwarepaketen. Bei der Auswahl daraus lasse ich mich vom Einsatzzweck und dem Ressourcenbedarf der Software leiten.

Finde ich nicht das Richtige für mich, muss ich mich daran setzen und eine geeignete Software selbst schreiben oder anpassen. Dabei hilft mir die Dokumentation zu OpenWrt und eine Suche im Internet zum Thema.

Wenn ich für mein Projekt kein Standard-Image für die verwendete Hardware einsetze, habe ich die Möglichkeit, zusätzliche Software gleich im Image des Betriebssystems zu integrieren anstatt sie nachträglich mit dem Software-Paketmanager *opkg* zu installieren.

Das hat den Vorteil, dass der Platz besser ausgenutzt wird. Außerdem benötigt das Gerät keine Verbindung zu einem Software-Repository, bevor es für den Einsatzzweck konfiguriert werden kann.

Andererseits muss ich dann das komplette Image des Betriebssystems auswechseln, wenn ich nur eines der installierten Programme auswechseln will.

Härten des Systems

Ein wichtiger Aspekt beim Betrieb eines jeden Rechners ist das Härten des Systems, damit ich meine Geräte kontrolliere und nicht jemand anders.

Für das konkrete Absichern eines OpenWrt-Systems finde ich Informationen im Wiki[8]. Außerdem kann ich auf allgemeine Tipps zum Härten von Linux-Systemen zurückgreifen, die ich entsprechend der Situation an meinem Gerät adaptiere.

Allgemeine Hinweise

In [ctKaps2014] finden sich allgemeine Hinweise um automatisierten Angriffen auf Routern vorzubeugen, die sich auch für Geräte mit OpenWrt bewähren:

- Keine Konfiguration über Internet, oder
- wenn dann nur mit geänderten Ports und
- Verschlüsselung.
- Geänderte Kennworte und,
- wenn möglich, geänderte Anmeldenamen sowie
- geänderte interne Netzbereiche und darin
- geänderte Routeradressen.

Das sind einfache grundlegende Maßnahmen, die nicht viel gegen einen gezielten Angriff ausrichten können, aber dafür sorgen, dass einfach gestrickte Skripts ins Leere laufen.

Den Zugang sichern

Eine der ersten Maßnahmen ist die Absicherung des Zugangs zum Gerät. Dabei geht es um die Art und Weise der Anmeldung selbst.

Das OpenWrt-Wiki unterscheidet vier Arten, sich am System anzumelden, die von völlig unsicher bis ziemlich sicher reichen.

---

[8]http://wiki.openwrt.org/doc/howto/secure.access

1. Frag nach gar nichts
2. Frag nach Benutzername und Kennwort über eine ungesicherte Verbindung
3. Frag nach Benutzername und Kennwort über eine gesicherte Verbindung
4. Frag nach Benutzername und einer Signatur anstelle eines Kennworts

1. Frag nach gar nichts

Jeder, der diesen Zugang erreichen kann, kann alles mit dem System machen, ohne sich anmelden zu müssen. Offensichtlich ist das für feindliche Umgebungen wie das Internet völlig ungeeignet.

In vertrauenswürdigen Umgebungen ist so ein Zugang vielleicht tolerabel, wenn absolut nichts von der Sicherheit des Gerätes abhängt. Das kann zum Beispiel eine Testumgebung sein, in der vor jedem Test der OpenWrt-Router automatisch konfiguriert wird.

2. Frag nach Benutzername und Kennwort über eine ungesicherte Verbindung

Das entspricht der Administration via Telnet oder HTTP. Es ist etwas besser als Variante 1. Bevor jemand anderes das Gerät manipulieren kann, muss er sich die Zugangsdaten besorgen.

Dazu reicht es allerdings, wenn er die Möglichkeit hat, den Datenverkehr zwischen Administrator und Gerät genau dann mitschneiden kann, wenn der Administrator sich anmeldet.

Da entsprechende Software bereits seit vielen Jahren verfügbar ist, reduziert sich der Aufwand für den Angreifer auf das Installieren und Starten eines solchen Programms auf einem geeigneten Rechner zwischen Administrator und OpenWrt-Gerät.

3. Frag nach Benutzername und Kennwort über eine gesicherte Verbindung

Hier verwende ich SSH oder HTTPS für die Administration. Damit ist das System relativ sicher.

Natürlich kann die Verschlüsselung gebrochen werden. Der Aufwand dafür hängt von den verwendeten Algorithmen, der Länge der Schlüssel und der Stärke des Kennworts ab.

Ein Angreifer muss hier den Datenverkehr mitschneiden und entschlüsseln, um an das Kennwort zu kommen.

Alternativ kann er versuchen die korrekte Kombination von Benutzername und Kennwort mit einem Brute-Force-Angriff zu erraten.

4. Frag nach Benutzername und einer Signatur anstelle eines Kennworts

Das entspricht der Anmeldung via SSH mit Public-Key-Authentication beziehungsweise HTTPS mit Client-Zertifikat.

Beim Public-Key-Verfahren verwende ich einen privaten Schlüssel, um mich am Gerät anzumelden. Den zugehörigen öffentlichen Schlüssel habe ich auf dem Gerät hinterlegt.

Ein Angreifer kann keine Passworte erraten, da keine für die Anmeldung verwendet werden. Um Zugang zu dem Gerät zu bekommen, muss er in den Besitz des privaten Schlüssels gelangen. Damit ist die Hürde für ihn noch etwas höher.

Allerdings muss ich nun aufpassen, dass mir der private Schlüssel nicht abhanden kommt. Und das sowohl in dem Sinne, dass jemand der den Schlüssel bekommt, Zugang zum OpenWrt-Gerät erhält, als auch in dem Sinne, dass ich ohne den Schlüssel keinen Zugang habe.

Neben diesen vier Arten, wie der Zugang zum Gerät geregelt ist, gibt es begleitende Maßnahmen, die die Sicherheit erhöhen können.

Mittels Paketfilterregeln kann ich den Zugang zur Administrator-Schnittstelle auf vertrauenswürdige IP-Adressen beschränken. Das ist ein starker Schutz, wenn die freigegebenen IP-Adressen wirklich zu vertrauenswürdigen Geräten führen.

Wenn ich einen anderen Benutzernamen als *root* verwende, mache ich Brute-Force-Attacken, die nur auf diesen Benutzernamen abzielen, wirkungslos.

Mit starken Kennworten erschwere ich Brute-Force-Attacken, die auf Wörterbüchern aufbauen.

Woran erkenne ich ein starkes Kennwort?

Indem ich selbst mit einem guten Password-Cracker versuche, das Passwort zu knacken.

Geeignete Software ist im Internet frei verfügbar. Dabei sollte ich den Passwort-Cracker aber nicht im Internet laufen lassen.

Besser ist es, einen einfachen Stringvergleich als Kennwort-Test einzustellen, denn ich will ja nur wissen, nach wievielen Versuchen das Kennwort gefunden wurde. Damit läuft der Cracker auch auf einfacher Hardware hinreichend schnell. Und natürlich muss das auf einem nicht öffentlich zugänglichen Rechner laufen.

Als weitere Schutzmaßnahme kann ich die Administrator-Zugänge auf andere Ports verlegen, anstelle von 22 für SSH und 443 für HTTPS. Damit schütze ich mich vor Skripts, die nach Services an diesen Ports suchen um anschließend Brute-Force-Attacken darauf zu beginnen.

System härten

Der nächste Schritt ist die Härtung des Systems selbst. Das ist vor allem dann wichtig, wenn das Gerät nicht nur als Router arbeitet, sondern zusätzlich weitere Dienste anbietet.

Der erste Punkt ist, so wenig wie möglich Software auf dem Gerät zu installieren und zu starten. Nur das, was wirklich nötig ist.

Falls ich Dienste auf dem Gerät anbiete, die als Einfallstor für Angreifer dienen können, kann ich mit SELinux den Schaden im Fall eines erfolgreichen Angriffs in Grenzen halten. SELinux ist für OpenWrt verfügbar. Da das Thema aber sehr umfangreich ist, gehe ich hier nicht weiter darauf ein.

Ein weiterer Punkt, der bereits bei der Absicherung des Zugangs angedeutet war, ist das Verwenden von anderen Benutzernamen. Prinzipiell brauche ich nur das Paket *sudo* um den Zugang zu privilegierten Diensten für die einzelnen Benutzer zu steuern. Das Paket *shadow-useradd* erleichtert das Einrichten von weiteren Benutzern, erfahrene Unix-Administratoren können weitere Benutzer aber auch ohne dieses anlegen. Für die Public-Key-Authentication bei SSH kopiere ich für jeden

Benutzer die zugelassenen Schlüssel in die Datei *$HOME/.ssh/authenticated_keys*.

Mit individuellen Zugängen für die einzelnen Administratoren kann ich auch einfacher nachvollziehen, wer wann am Gerät administriert hat. Außerdem ist es einfacher, kompromittierte Zugänge zu sperren, ohne gleich alle Administratoren auszusperren.

Netzwerk härten

Ein wichtiger Punkt ist, keinen Port am externen Interface des Routers (WAN) zu öffnen. Generell. Auch, wenn ich Dienste auf dem Gerät betreibe.

Dienste, die ich nach außen anbiete, sollten auf dedizierten Servern, am besten in einem dedizierten Netz (DMZ) laufen.

Natürlich können auf dem Router laufende Dienste auch aus dem internen Netz angegriffen werden. Nur ist die Wahrscheinlichkeit, dass das aus einem öffentlichen Netz geschieht, um viele Größenordnungen höher.

Ein kompromittierter Server ist auch in einem dedizierten Netz problematisch. Ein kompromittierter Router gibt das ganze Netz dahinter preis.

Eine Ausnahme kann man für den Endpunkt eines VPN machen, das auf dem OpenWrt-Gerät endet. Hier kann ich den Zugriff auf die Adressen aus dem VPN beschränken und für alle anderen sperren.

Um einzelne Ports für einzelne Adressen freizugeben, kann ich Port-Knocking verwenden. Dafür gibt es bei OpenWrt das Paket *knockd*.

Eine weitere Möglichkeit, beliebige, vorher definierte Aktionen auf dem Gerät aus der Ferne zu starten ist Ostiary, für das es ebenfalls ein Paket bei OpenWrt gibt und Client-Programme für sehr viele Betriebssysteme. Damit lassen sich ebenfalls Ports für einzelne IP-Adressen freischalten.

Mit fail2ban kann ich Brute-Force-Attacken, die von einzelnen Adressen ausgehen, abbrechen. Ähnliches kann ich mit dem Programm logtrigger selbst implementieren.

Bei der Absicherung des Zugangs schrieb ich bereits, dass ein verschlüsselter Administrator-Zugang sicherer ist, als ein unverschlüsselter. Für SSH anstelle von Telnet ist das einfach zu installieren, und mittlerweile meist sowieso schon eingerichtet.

Beim Web-Interface muss ich oft noch selbst Hand anlegen, die notwendige Software installieren, konfigurieren und aktivieren. Das geht so:

```
# opkg install px5g uhttpd-mod-tls
# uci delete uhttpd.main.listen_http
# uci commit
# /etc/init.d/uhttpd restart
# opkg remove px5g
```

Bei *px5g* handelt es sich um den Zertifikatsgenerator. Dieser wird nur zum Erzeugen eines Zertifikats für den Webserver benötigt und kann am Ende wieder entfernt werden.

Alternativ kann ich das Web-Interface auch durch einen SSH- oder OpenVPN-Tunnel verwenden.

Allgemeine Hinweise

Im Internet finden sich etliche Seiten mit Hinweisen, wie ein Linux-System gehärtet werden kann. Einige dieser Hinweise lassen sich für das Härten eines OpenWrt-Systems adaptieren.

Minimiere die Anzahl der Software-Pakete, ist immer sinnvoll, da dadurch die Angriffsfläche reduziert wird. Nun ist auf vielen OpenWrt-Systemen sowieso wenig Platz, so dass dieser Punkt ohnehin schon in den meisten Fällen berücksichtigt ist. Bei Standard-Images sollte man nur das nachinstallieren, was wirklich benötigt ist. Und bei selbst erstellten Images erst gar nichts überflüssiges hinein nehmen.

Kontrolliere die offenen Ports. Damit vergewissere ich mich, dass ich keinen Dienst vergessen habe, abzuschalten beziehungsweise zu sperren. Von außen kann ich das mit dem Programm nmap auf einem benachbarten Rechner machen. Bei einem Zugangs-Router kann ich einen der vielen Dienstleister im Internet, die solche Scans anbieten, bemühen. Von innen, also auf dem Gerät selbst zeigt mir der Befehl netstat -aunt alle offenen TCP- und UDP-Ports an.

Halte das System aktuell. ist immer wichtig, da ständig Programmfehler gefunden und beseitigt werden. Aber nur, wenn ich mein System auch aktualisiere.

Schaue regelmäßig in die Logs, ist ein sehr guter Rat. Nicht nur, weil ich dann Einbruchsversuche sehen und nötigenfalls Gegenmaßnahmen ergreifen kann, sondern auch, weil sich System- und Hardware-Fehler oft dort bemerkbar machen. Sehr komfortabel kann ich in die Logs schauen, wenn ich einen zentralen Log-Server mit Software zur Auswertung der Protokolle habe und diese vom OpenWrt-Gerät dorthin sende.

Beobachte das System mit IDS und Monitoring-Systemen. Während Logs meist erst nach dem Vorfall konsultiert werden, melden sich diese Systeme sofort, wenn sie Anomalien entdecken.

Ein Netzwerk-Service pro System. Dieser Grundsatz hat mehrere Vorteile. Vom Standpunkt der Sicherheit fällt nur ein Dienst aus, wenn das System ausfällt. Und als Administrator muss ich mich bei einem Ersatz oder Upgrade eines Systems nur auf einen Dienst konzentrieren, was die Sache sehr erleichtert.

Deaktiviere den Zugang für root. Das ist bei Embedded Systems eher nicht die Norm, da sich im Normalfall keine Benutzer anmelden. OpenWrt bietet jedoch die Möglichkeit und wenn sowieso schon verschiedene Zugänge für Revision und Operating existieren, sind die Hürden gering, den root-Zugang ganz zu deaktivieren.

Testen der Firewall

All das Wissen um die Paketfilter-Firewall nützt mir recht wenig, wenn ich mich nicht überzeugen kann, dass meine Kenntnisse zutreffen und meine damit getroffenen Einstellungen ihren Zweck erfüllen. Diesem Zweck dienen die Tests des Paketfilters.

Generell kann ich mich mit verschiedenen Arten von Tests an Firewalls herantasten:

- Penetrationstests,
- Tests der Firewall-Implementierung, das heisst, der Software, und
- Tests der Paketfilter-Regeln.

Mit Penetrationstests suche ich nach Sicherheitsproblemen in produktiven Netzwerken, indem ich diese attackiere. Der Paketfilter ist dabei nur ein Testobjekt unter mehreren. Probleme, die ich hierbei aufdecke, haben nicht notwendigerweise mit ihm zu tun. Da die untersuchten Netzwerke produktiv verwendet werden, muss ich besonders verantwortungsbewusst vorgehen und mir vor allem die Zustimmung des Besitzers der betroffenen Netzwerke holen. Das ist ganz bestimmt keine Arbeit für jemand, der sich erst in die Materie einarbeiten will.

Bei Tests der Firewall-Implementierung geht es um Fehler im Betriebssystem und der Paketfilter-Software. Probleme, die ich hierbei aufdecke, betreffen alle Paketfilter des betreffenden Typs, das heißt in unserem Fall OpenWrt in der getesteten Version. Dann ist es sinnvoll, eine Fehlermeldung in den Bug-Tracker zu stellen, damit das Problem für alle gelöst werden kann. Manchmal will ich mich auch direkt an die Entwickler wenden, wenn das entdeckte Problem sensible Bereiche betrifft.

Tests der Firewallregeln sollen nachweisen, dass die Paketfilter-Regeln die Sicherheitsrichtlinie korrekt umsetzen. Probleme, die ich hierbei aufdecke, betreffen den konkreten Paketfilter an dieser Stelle im Netz und die dafür geltende Sicherheitsrichtlinie.

In diesem Kapitel konzentriere ich mich auf Tests der Implementierung und der Regeln. Diese Tests kann ich abseits des produktiven Netzes in einer sicheren Testumgebung ausführen und muss mir keine Gedanken darüber machen, dass die Tests die Umgebung nicht stören dürfen beziehungsweise, dass letztere die Tests beeinflussen kann.

Testumgebung

Testmaschinen

Die Testumgebung besteht im einfachsten Fall aus dem zu testenden Paketfilter und je einem Rechner an jedem Anschluß dieses Paketfilters. Das heißt, ich benötige mindestens drei Geräte.

Mit einem X86-Image von OpenWrt kann ich alle Geräte als virtuelle, miteinander verbundene Maschinen betreiben. Dann kann ich die gesamte Testumgebung auf meiner Arbeitsstation vorhalten und benötige keine zusätzliche Hardware.

Will ich die mit der virtuellen Maschine gewonnenen Erkenntnisse auf ein OpenWrt-System mit anderer Hardware übertragen, benötige ich für einige Tests vielleicht trotzdem diese Hardware. Ein WLAN-Netzwerk, zum Beispiel, lässt sich nicht einfach simulieren.

Software

Neben den Testmaschinen benötige ich geeignete Software um die Testdaten zu erzeugen und die Datenpakete mitzuschneiden.

Zum Erzeugen von Datenpaketen stehen mir etliche Programme und Bibliotheken zur Verfügung, zum Beispiel:

- **Nmap** (Network Mapper) ist ein freies Werkzeug, um Netzwerke zu erkunden. Damit kann ich sehr einfach der Firewall Datagramme mit unterschiedlichen gesetzten Optionen senden.
- **Hping** ist dem Ping-Befehl ähnlich, unterstützt aber auch TCP, UDP, ICMP und andere IP-Protokolle, so dass ich die Reaktion des Paketfilters auf diese Datagramme testen kann.
- **Tcpreplay** erlaubt es, aufgezeichneten Datenverkehr erneut in das Netzwerk einzuspeisen. Damit kann ich zum Beispiel Datenverkehr aus dem Produktivnetz in das Testnetz einspielen und sehen, wie der Paketfilter reagiert.
- **Network Expect** ist ein Framework, das vom Programm Expect von Don Libes beeinflusst wurde. Damit kann ich "interaktive" Netzwerkprogramme mit Skripts schreiben, ohne zum Compiler greifen zu müssen.
- Mit **libnet** kann ich relativ einfach Anwendungen in C schreiben, die Datenpakete erzeugen. Diese verwende ich, wenn ich mit den anderen Werkzeugen nicht mehr weiterkomme.

Auch für das Mitschneiden des Datenverkehrs und die spätere Analyse kann ich unter verschiedenen Werkzeugen auswählen:

- **Tcpdump** ist weit verbreitet und für mich oft das Mittel der Wahl, um Datenverkehr mitzuschneiden.
- **Snort** basiert, wie *tcpdump*, auf der Bibliothek *libpcap* und kann als leichtgewichtiges IDS verwendet werden. Beim Testen von Firewalls kann es als Indikator dienen, ob bestimmte Datenpakete vorkommen. Das ist von Vorteil, wenn die mich interessierenden Daten in einer großen Menge anderer Datenpakete versteckt sind.
- Mit **Libpcap** kann ich wiederum eigene Werkzeuge in C programmieren, wenn ich kein geeignetes Werkzeug für meine Fragestellung finde.
- **Libtrace** ist eine Bibliothek wie *libpcap*. Ein Vorteil gegenüber letzterer ist, dass *libtrace* sehr viele Datenformate von fremden Paketsniffern lesen kann.
- **Wireshark** ist ein GUI-Programm zum Mitschneiden von Datenverkehr und zum bequemen Auswerten der Mitschnitte.

Vorgehen

Testplan

Spätestens, wenn ich mein Testsystem und die benötigte Software habe, wird es Zeit, einen Testplan aufzustellen. Dafür gibt es mindestens zwei Methoden: Ich kann nach einer Checkliste testen, oder ich erstelle meinen Testplan entsprechend dem Entwurf der Paketfilterregeln (entwurfsorientiert).

Tests nach Checkliste haben den Vorteil, dass ich sie schnell erstellen kann und nichts vergesse, was auf der Checkliste steht. Sie sind geeignet, wenn ich die Software der Firewall testen will, zum Beispiel zwischen zwei Versionen einer Firewall, als Regressionstest nach einer Fehlermeldung oder wenn ich ein Firewall-Produkt auswähle und vor dem Einsatz testen will, ob es überhaupt geeignet ist. Auch bei Tests von vorgegebenen Firewall-Regeln eignen sich Checklisten.

Was Tests nach Checkliste oft nicht berücksichtigen, sind die Beziehungen zwischen den Firewall-Regeln und der Sicherheitsrichtlinie.

Beim entwurfsorientierten Entwurf des Testplans gehe ich von der Sicherheitsrichtlinie aus. Ich überlege, wie eine Firewall-Konfiguration die Sicherheitsrichtlinie umsetzen könnte und entwickle daraus die Testfälle, die mir diese Überlegungen bestätigen oder widerlegen. Damit gelange ich zu Tests die relevant sind für den konkreten Paketfilter am Einsatzort.

Ein großes Problem beim entwurfsorientierten Entwurf der Tests ist, dass er schwierig ist. Schwieriger als der Entwurf von Firewall-Regeln für einen konkreten Paketfilter aus der Sicherheitsrichtlinie. Mit dem Entwurf der Paketfilter-Regeln stelle ich eine Behauptung auf: dass diese Paketfilter-Regeln die Sicherheitsrichtlinie erfüllen. Mit den Tests für die Überprüfung der Firewall versuche ich, diese Behauptung zu widerlegen.

Da es mir - und ich glaube den meisten Menschen - schwer fällt, eine eigene Behauptung zu widerlegen, ist es sinnvoll, wenn die Tests nicht von der gleichen Person entworfen werden, wie die Paketfilter-Regeln. Geht das nicht, hilft es, wenn ich die Regeln und die Tests im Abstand von einigen Tagen oder Wochen entwickle.

Tests durchführen

Neben den konzeptionellen Problemen beim Erstellen eines Testplans gibt es noch das Problem, dass ich bei seiner Umsetzung Fehler machen kann.

Das bedeutet, ich will nicht nur mit den Tests nachweisen, ob eine Filterregel korrekt ist oder nicht. Zusätzlich muss ich auch sicher sein können, dass die Tests wirklich funktionieren.

Dazu führe ich die Tests mindestens zweimal durch: einmal mit deaktivierten Regeln, die der Test prüfen soll und einmal mit aktiven Paketfilter-Regeln. Dabei sollte ich normalerweise in einem Fall die zugehörigen Datenpakete sehen und im anderen Fall nicht.

So kann ich sicher sein, dass die betrachteten Datenpakete durch die Firewall-Regeln blockiert werden und nicht auf Grund von anderen Phänomenen im Netz.

Neben der rein funktionalen Überprüfung des Paketfilters, ob die Regeln den Anforderungen der Sicherheitsrichtlinie für den konkreten Einsatzzweck genügen, steht als weiterer Aspekt die Leistungsfähigkeit des Paketfilters.

Diese hängt überwiegend von der eingesetzten Hardware und dem Betriebssystem ab, kann aber durch die Konfiguration des Paketfilters und der Regeln beeinflusst werden.

So kann durch zu großzügige Freigaben für ganze Netze die ARP-Tabelle bzw. der Neighbor-Cache des Paketfilters bei einem Netzwerk-Scan überlaufen, was dann zu erhöhtem Aufwand für reguläre Verbindungen führen kann, weil jedesmal eine neue ARP-Anfrage oder Neighbor-Detection nötig ist.

Auch können sich bestimmte Regel-Konfigurationen nachteilig auf die Performance des Paketfilters auswirken. Hier kann ich mit *tcpreplay* die Auswirkungen verschiedener Konfigurationen auf die Performance testen und anschließend mit einem funktionalen Test verifizieren, dass die performantere Konfiguration noch der Sicherheitsrichtlinie genügt.

Weitere Hinweise

Einen allgemeinen Einblick in die Vorgehensweise beim Test von Firewall-Paketfiltern gibt die Diplomarbeit von Gerhard Zaugg an der ETH Zürich von 2004. An den dort und in der referenzierten Literatur dargelegten Konzepten hat sich nichts Wesentliches geändert.

Für IPv6 verweise ich auf das Forschungsprojekt IPv6 Intrusion Detection im Rahmen dessen die Test-Suite *ft6* entstanden ist.

Weitere Werkzeuge für IPv6 sind

- das IPv6-Angriffstoolkit *thc-ipv6*,
- die Testsuite zum Detektieren von Einbruchsversuchen
- das IPv6 Toolkit von Fernando Gont

Monitoring

Bei der Überwachung eines Paketfilters interessieren mich neben den Vitaldaten, wie CPU- und Speicher-Auslastung sowie Durchsatz vor allem zwei Dinge:

1. Kein unerwünschter Datenverkehr soll den Paketfilter passieren.
2. Kein erwünschter Datenverkehr soll durch den Paketfilter blockiert werden.

Was erwünschter und unerwünschter Datenverkehr ist, sollte inzwischen hinreichend klar sein.

Blockieren von unerwünschtem Datenverkehr

Um zu kontrollieren, dass kein unerwünschter Datenverkehr den Paketfilter passiert, bietet sich ein Intrusion Detection System (IDS) an.

Habe ich die Funktion des Paketfilters vor der Inbetriebnahme in einer Testumgebung geprüft, dann verfüge ich bereits über die Informationen, mit denen ich das IDS konfigurieren muss, damit es mir anzeigt, ob unerwünschter Datenverkehr durchkommt.

Passieren von erwünschtem Datenverkehr

Schwieriger ist das Monitoring für den erwünschten Datenverkehr. Das Hauptproblem ist, dass ich nicht vorhersagen kann, wann erwünschter Datenverkehr auftritt, um mich dann hinter dem Paketfilter zu überzeugen, dass er nicht blockiert wird. Ein weiteres Problem ist, dass der erwünschte Datenverkehr von verschiedenen Stellen im Netz kommen kann, was das gezielte Hervorbringen nicht erleichtert.

Typischerweise kann ich nur bei abgehendem Verkehr beeinflussen, wann dieser auftritt. Bei ankommendem Verkehr kann ich das nicht vorhersagen.

Hier habe ich zwei Möglichkeiten aktiv einzugreifen:

- Ich kann an repräsentativen Stellen außerhalb meines Netzes Sonden platzieren, mit denen ich regulären Datenverkehr gezielt hervorrufen kann. Dazu muss ich genügend Rechner außerhalb meines Netzes beinflussen können.
- Alternativ könnte ich einen Paketgenerator unmittelbar außerhalb des Paketfilters platzieren, der den gewünschten Datenverkehr simuliert, wie im Testnetz. Das Hauptproblem bei diesem Ansatz ist, dass die Antwortdaten bei bidirektionalem Datenverkehr zum einen den Paketgenerator erreichen und zum anderen nicht darüber hinausgehen sollten, um andere Netze und Rechner nicht zu stören. Daher ist dieser Ansatz nur in Ausnahmefällen geeignet.

Will ich rein passiv arbeiten kann ich beim Monitoring-System den letzten Zeitpunkt des erwünschten Datenverkehrs registrieren und auf ein mögliches Problem hinweisen, wenn der letzte Zeitpunkt zu weit in der Vergangenheit liegt.

Vitaldaten

Neben diesen beiden Hauptfunktionen des Paketfilters will ich in den meisten Fällen noch einige Vitaldaten beobachten, wie zum Beispiel:

- CPU-Last
- Speicherauslastung
- Temperatur
- Menge des Datenverkehrs

Während ich bei den Hauptfunktionen nur an der Aussage *geht* oder *geht nicht* interessiert bin, brauche ich von den Vitaldaten Zeitreihen. Damit kann ich zum einen über Korrelationen auf Zusammenhänge schließen und zum anderen Argumente sammeln, wenn sich abzeichnet, dass das aktuell eingesetzte Gerät nicht mehr den Anforderungen gewachsen ist.

Diese Daten frage ich über die Kommandozeile oder einen installierten SNMP-Dämon ab und speise sie in ein geeignetes Monitoring System ein.

Die Zeitreihen, die ich in der Webschnittstelle von OpenWrt sehen kann, helfen mir bei Problemen eher selten weiter, weil ich dann oft keine Daten habe, mit denen ich die aktuellen Werte vergleichen kann.

Kann ich Paketfilter umgehen?

Weiß ich, auf welche Art und Weise ein Paketfilter umgangen werden kann, hilft mir dass beim Entwurf von Paketfilterregeln, beim Testen und Monitoring. Darum schaue ich in diesem Kapitel, wie ich Informationen an einem Paketfilter vorbei übertragen kann.

Nicht alle der hier vorgestellten Möglichkeiten sind von vornherein illegitim oder schädlich. Jede einzelne muss ich im konkreten Kontext betrachten, in dem ich den Paketfilter einsetze.

Stateless Firewallregeln

Eine Möglichkeit, die Firewall zu umgehen beziehungsweise zu überwinden, findet sich bei stateless Firewalls, das heißt, wenn die Conntrack-Module nicht aktiv sind.

Ich kann mit einer stateless Firewall TCP-Verbindungen in einer Richtung sperren und in der anderen Richtung offen lassen, indem ich Datagramme ohne gesetztes ACK-Bit nur in einer Richtung erlaube.

Zwar kann man dann aus der anderen Richtung keine Verbindung aufbauen, jedoch ist es möglich, Informationen über die Rechner hinter dem Paketfilter zu erlangen. Kommt ein Datenpaket mit gesetztem ACK-Bit an einem Rechner hinter dem Paketfilter an, dann antwortet dieser mit TCP-Reset, falls ein Socket an den Zielport gebunden ist und mit ICMP-Unreachable-Port, wenn nicht. Diese Antworten gehen oft durch die Firewall und teilen dem Angreifer auf diese Art mit, ob der Port offen ist. Das Programm *nmap* scannt bei gesetzter Option -PA mit dieser Methode.

Bei einer stateful Firewall wäre das nicht möglich, weil diese erkennen würde, dass das erste Datagramm zu keiner gültigen Verbindung gehört und es gleich verwerfen würde.

Normalerweise ziehe ich als Firewall-Administrator daher stateful Paketfilter-regeln vor. Lediglich bei speziellen Performance-Problemen kann es nötig sein auf stateless Regeln auszuweichen.

Fehlerhafte IP-Optionen

Lässt der Paketfilter ICMP-Pakete durch, entweder auf Grund der Policy, oder weil er als stateless Filter bestimmte ICMP-Pakete durchlassen muss, um die Funktionalität des Netzes nicht zu behindern, dann kann ich das ausnutzen um das Netz hinter dem Paketfilter zu erkunden.

Dazu sende ich ICMP-Pakete mit ungültigem IP-Header oder ICMPv6-Pakete mit ungültigem Extension-Header.

RFC 792 definiert für ICMP die Nachricht vom Typ 12 "Parameter Problem Message", die ein Host oder Gateway sendet, wenn er ein Datagramm nicht verarbeiten kann. Für IPv6 definiert RFC 4443 in Abschnitt 3.4 die ICMPv6 Nachricht "Parameter Problem", bei Datagrammen mit ungültigen Extension Headern.

Um das auf dem Paketfilter zu unterbinden, kann ich fehlerhafte Datagramme verwerfen.

Dynamisch ausgehandelte Protokolle

Dynamisch ausgehandelte Protokolle arbeiten mit einer Kombination von festgelegten und dynamisch ausgehandelten Ports, wie zum Beispiel FTP, TFTP oder SiP. Ohne Connection Tracking muss ich hier ganze Bereiche von Ports freigeben, so dass ich im ungünstigsten Fall auch unerwünschte Datenverbindungen in Kauf nehmen muss.

Will ich diese Protokolle über den Paketfilter regulieren, werde ich daher auf jeden Fall mit stateful Regeln und Connection Tracking arbeiten und dafür nötigenfalls leistungsfähigere Hardware einsetzen.

Beim Einsatz von Connection Tracking muss ich allerdings einige Feinheiten beachten. So ist es sinnvoll, die dynamisch ausgehandelten Verbindungen, die den Zustand RELATED bekommen, wenn möglich an fest vorgegebene IP-Adressen zu binden, zum Beispiel an die des FTP-Servers, wenn ich FTP zu einzelnen Servern freischalte.

Wenn ein Session Helper auf einem anderen als dem Stardard-Port arbeiten soll, kann ich mit dem CT Target in den Regeln der Tabelle *raw* den entsprechenden Port einstellen. Dabei muss ich aber beachten, dass der Session Helper nicht mehr an den Standard-Ports lauschen darf, da sonst darüber unerwünschte Verbindungen freigeschaltet werden können. Zu diesem Zweck deaktiviere ich das Parsen der Verbindungen per Default und aktiviere es für jede gewünschte Verbindung mit dem

CT Target.

Schließlich muss ich im Hinterkopf behalten, dass Session Helpers die Daten in IP-Datagrammen inspizieren und selbst keine Prüfungen auf Gültigkeit der Datagramme vornehmen wie der Rest der Connection Tracking Module. Es ist daher möglich, durch gespoofte Datagramme Verbindungen über Session Helper freizuschalten, indem ich ein passendes Datagramm über ein anderes Interface einspeise. Dem muss ich mit Anti-Spoofing-Maßnahmen begegnen, zum Beispiel mit dem *rpfilter* Modul.

Der Webartikel Secure use of iptables and connection tracking helpers[9] geht näher auf diese Problematik ein.

Application Level Gateways

Application Level Gateways (ALG) erlauben es, Paketfilter zu umgehen. Ihre Aufgabe ist es, explizit den Datenverkehr zu kontrollieren und zu steuern, der mit einfachen Paketfiltern nicht kontrolliert werden kann. Das sind meist Protokolle der oberen vier OSI-Schichten. Damit liegen Application Level Gateways außerhalb des Themas dieses Buches. Ich behalte aber im Hinterkopf, dass ALG einen Weg bieten können, auf dem Daten mein Netz unkontrolliert erreichen oder verlassen.

Virtual Private Networks

Das gleiche gilt für VPN, seien diese mit IPsec, OpenVPN, SSH-Tunneln oder auf andere Art und Weise realisiert. Diese kann ich nur an den Endpunkten, den VPN-Gateways, kontrollieren.

Habe ich Bedenken bezüglich des Verkehrs, der durch die VPN geht, dann platziere ich einen Paketfilter direkt auf dem VPN-Gateway. Alternativ lasse ich den Datenverkehr aus dem VPN nicht direkt in mein Netz sondern nur über einen vorgeschalteten Paketfilter, zum Beispiel den der DMZ, indem ich das VPN-Gateway genau dort platziere.

Zusätzlich sperre ich allen anderen VPN-Datenverkehr mit den Paketfiltern, so dass deren Regeln auf diese Art nicht umgangen werden können.

---

[9]https://home.regit.org/netfilter-en/secure-use-of-helpers/

NAT Traversal

NAT Traversal ist, je nach Gegebenheit, eine möglicherweise gewünschte Methode, einen Paketfilter zu passieren. Dabei geht es darum, einen direkte TCP- oder UDP-Verbindung zwischen zwei Rechnern aufzubauen, die sich beide hinter einer NAT-Box befinden. VoIP-Verbindungen oder Peer-to-Peer-Netze, die geringe Latenz benötigen, sind mögliche Anwendungen.

Das Problem besteht darin, dass Rechner hinter NAT-Boxen nicht direkt adressiert werden können. Sitzt nur ein Partner hinter einer NAT-Box, kann dieser die Verbindung zum anderen aufbauen. Sitzen beide Partner hinter NAT-Boxen ist eine unmittelbare direkte Verbindung nicht möglich.

Dann kann man sich mit einem Rendezvous-Server behelfen, zu dem sich beide Partner verbinden und der die nötigen Informationen weiterleitet, damit die Partner eine direkte Verbindung aufbauen können. Dafür gibt es verschiedene Lösungen, die mit unterschiedlichen NAT-Boxen umgehen können.

Je nachdem, ob solch direkter Verkehr in meiner Sicherheitsrichtlinie erlaubt ist oder nicht, muss ich meine Paketfilter-Regeln entsprechend anpassen.

Netzwerk Topologie

Eine weitere Möglichkeit, Paketfilter zu überwinden, ist, diese zu umgehen, wenn es mehrere Wege zum Ziel gibt. Das kann ein vermaschtes Netz sein, eine zweite Verbindung zum Internet oder Daten, die über das Netz eines Kooperationspartners laufen.

Daher muss ich bei der Umsetzung einer Sicherheitsrichtlinie immer die komplette Topologie des Netzes, in dem diese gelten soll, kennen.

Fragmentierung

Mit fragmentierten Paketen ist es gelegentlich möglich, simpel gestrickte Paketfilter auszutricksen, wenn die Fragmente nicht genug Informationen für eine korrekte Identifizierung enthalten.

Die Abhilfe dafür ist einfach: ich kann die Datenpakete direkt am Paketfilter zusammensetzen oder, falls das zu Performanceproblemen führt, die Fragmente gleich verwerfen.

Verdeckte Kanäle

Schließlich gibt es noch die Möglichkeit, Daten unkontrolliert über verdeckte Kanäle zu versenden, die sich in anderen Protokollen verbergen.

Das können IP-Daten sein, die sich in DNS-Datagrammen oder ICMP-Datagrammen verbergen. Oder in beliebigen anderen Protokollen, die Nutzerdaten transportieren können.

Bei ICMP habe ich das Problem, dass zumindest einige dieser Datagramme für das korrekte Funktionieren des Netzes erforderlich sind. Hier kann ich mit Rate-Limits und stateful Paketfilter-Regeln arbeiten.

Bei allen anderen Protokollen können Application Level Gateways helfen, wenn ich auf diesen den Verkehr für die entsprechenden Protokolle kontrolliere.

Wo platziere ich ein Tunnel-Gateway?

Nachdem ich in anderen Kapiteln bereits darauf eingegangen war, welche Besonderheiten der Einsatz von Tunneln und VPNs für den Paketfilter mit sich bringt, gehe ich in diesem Kapitel intensiver darauf ein, wo ich ein Tunnel-Gateway in meinem Netz platziere. Dabei ist es egal, ob der Tunnel ein VPN ist, ein IPv6-Tunnel durch ein IPv4-Netz oder umgekehrt.

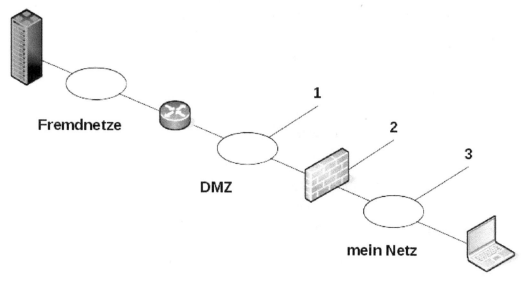

Wo platziere ich mein Tunnel-Gateway

Dabei unterscheide ich grundsätzlich drei Möglichkeiten, das Tunnel-Gateway zu platzieren:

1. vor der Firewall
2. auf der Firewall
3. hinter der Firewall

Jede der drei Positionen bringt Vor- und Nachteile, die ich nachfolgend gegenüberstellen möchte.

Gateway vor der Firewall

Vor der Firewall heißt, aus Sicht eines Fremdnetzes kommt zuerst das Tunnel-Gateway, dann der Paketfilter, dann mein Netzwerk.

Das hat verschiedene Vorteile:

- Die Firewall kann den Traffic aus dem Tunnel filtern.
- Die Sicherheit des Tunnel-Gateway ist weniger kritisch für die Sicherheit meines Netzes hinter der Firewall.
- Ich kann die Konfiguration von Gateway und Firewall relativ einfach halten.
- Die Konfiguration des Gateways ist getrennt von der Konfiguration der Firewall. Damit kann das ein anderer Personenkreis machen und es skaliert besser, wenn ich viele Tunnel zu konfigurieren habe.
- Ich kann das Einrichten in Teilschritte zerlegen.
- Ich kann Gateway und Firewall unabhängig voneinander aktualisieren oder ersetzen.
- Die Fehlersuche ist einfacher, wenn ich die Netzstruktur kenne.

Dem stehen einige Nachteile gegenüber:

- Ich brauche mindestens zwei Geräte.
- Die Konfiguration erfolgt an mehreren Stellen und muss in Teilschritte zerlegt werden, die zueinander passen.
- Das Routing muss stimmen.

Was mache ich, wenn ich mein Tunnel-Gateway vor der Firewall platzieren will?

- Falls NAT nötig ist, mache ich das auf dem Gateway. Damit kann ich die Regeln auf der Firewall einfacher halten, was der Sicherheit zugute kommt und die Fehlersuche vereinfacht.
- Ich muss das Routing für den Tunnel anpassen. Dabei muss ich den Überblick über die Subnetze behalten. Hier macht sich eine gute Netzplanung bezahlt.
- Beim Einrichten eines neuen Tunnels muss ich die Konfiguration zwischen Firewall und Gateway koordinieren.
- Ich muss die Dokumentation von Gateway und Firewall für jeden einzelnen Tunnel zusammenführen. Das erleichtert mir später die Fehlersuche.

Gateway auf der Firewall

Auch das Platzieren des Tunnel-Gateways direkt auf der Firewall hat Vorteile:

- Ich brauche nur ein Gerät und kann damit, insbesondere bei wenig Traffic im Tunnel, einiges an Kosten sparen.
- Die Konfiguration erfolgt an einer Stelle.
- Das Routing ist etwas einfacher.
- Die Firewall sieht den Traffic aus dem Tunnel und kann ihn filtern.

Dem stehen einige Nachteile gegenüber

- Die Kombination aus Tunnel-Gateway und Firewall wird zum Single Point of Failure.
- Will oder muss ich das System ersetzen, muss das neue System alles können, was das alte konnte. Ich bekomme hier sehr leicht einen Vendor-Lock-In.
- Die Konfiguration ist komplizierter als bei den anderen Varianten.
- Die Fehlersuche ist schwieriger.

Worauf achte ich also, wenn ich das Tunnel-Gateway auf der Firewall betreibe?

- Ich achte darauf, dass ich genügend Ersatzgeräte zur Hand habe, so dass ich bei einem Ausfall schnell die alte Konfiguration wieder einspielen und damit weiterarbeiten kann.
- Ich dokumentiere nicht einfach nur die Konfiguration der Tunnels als Prosa, sondern auch aussagekräftige Diagramme, die mir das ganze System bei der Fehlersuche verständlicher machen. Diese Art der Dokumentation ist auch bei den anderen Varianten nützlich, hier ist sie essentiell.

Gateway hinter der Firewall

Auch diese Variante hat Vorteile:

- Die Daten werden durch mein Netz getunnelt, somit kann meine Netzstruktur über den Tunnel nicht mit Traceroute oder Ping erkundet werden. Das ist - zugegeben - ein schwacher Vorteil, da ich mit einem Tunnel meist vertrauens- würdigen Partnern Zugriff auf Teile meines Netzwerks gestatte.

- Ich kann das Routing zum Tunnel auf die Geräte beschränken, die diesen nutzen. Auch das ist nur ein schwacher Vorteil.
- Bei einem Layer-2-Tunnel benötige ich überhaupt keine zusätzlichen Routen.
- Firewall und Gateway werden separat konfiguriert wie in der ersten Variante.
- Ich kann die Geräte wie in der ersten Variante unabhängig voneinander auswechseln.

Dem stehen die folgenden Nachteile gegenüber:

- Die Firewall kann den Traffic im Tunnel nicht filtern, ich bin auf die Sicherheitsvorkehrungen angewiesen, die ich am Tunnel-Gateway einstellen kann.
- Die Konfiguration erfolgt an verschiedenen Stellen und muss koordiniert werden.
- Verwende ich einen gerouteten Tunnel, brauche ich extra Routingeinträge zumindest bei den Rechnern, die diesen nutzen.

Worauf muss ich bei dieser Variante achten?

- Wenn möglich, filtere ich den Traffic des Tunnels auf dem Gateway.
- Bei einem gerouteten Tunnel (Layer 3) muss ich die nötigen Routen eintragen, entweder auf dem nächsten Gateway oder auf den Rechnern, die den Tunnel nutzen.
- Für jeden Tunnel muss ich die Konfiguration von Gateway, Firewall und Routing zusammen dokumentieren.

Wo also platziere ich das Tunnel-Gateway?

Aus den genannten Vor- und Nachteilen ergibt sich für mich folgendes: ich platziere das Gateway vor der Firewall,

- wenn ich mehrere Tunnel betreiben und dafür ein spezielles Gerät anschaffen will,
- wenn ich die separate Konfiguration von Tunnel und Firewall haben will und das koordinieren kann und
- wenn ich den Traffic restriktiv mit der Firewall regulieren will.

Ich platziere das Gateway auf der Firewall,

- wenn ich nur ein Gerät einsetzen kann oder will,
- wenn ich den Tunnel-Traffic mit der Firewall filtern will,
- wenn ich mit der höheren Komplexität umgehen kann und
- wenn die Sicherheitsanforderungen nicht so hoch sind
    - weil nicht so viel auf dem Spiel steht oder
    - weil ich das Risiko auf andere Weise reduziere.

Ich platziere das Gateway hinter der Firewall,

- wenn ich eine Layer-2-Verbindung brauche und keine Layer-2-Firewall habe,
- wenn ich den Tunnel-Verkehr vor dem restlichen Netz (und der Firewall) verbergen will,
- wenn ich mir der Implikationen für die Sicherheit bewusst bin und damit umgehen kann

Das heißt, ich betrachte die Frage der Platzierung des Tunnel-Gateways jedes Mal aufs Neue unter Berücksichtigung der oben genannten Punkte.

Wie dokumentiere ich das System?

In gewissem Sinne dokumentiert sich eine Firewall selbst in ihren Regeln. Um den Paketfilter konfigurieren zu können, muss ich wissen, welche Regel was bewirkt. Also kann ich aus den Regeln und Einstellungen des Kernels ableiten, was diese und damit die Firewall für einen Zweck haben. Diese Einstellung ist bei manchen Leuten schwer zu widerlegen. Sie ähnelt der Einstellung einiger Autoren von Open Source Software, dass der Quellcode die ultimative und leider mitunter auch die einzige Dokumentation ist.

Damit keine Missverständnisse aufkommen: die Liste der Regeln, die `iptables-save` ausgibt, dokumentiert tatsächlich die Firewall. Und wenn ich Zweifel daran habe oder gar nicht weiß, wie UCIs Konfiguration in Paketfilterregeln umgesetzt wird, bin ich mit der Ausgabe von `iptables-save` tatsächlich am Besten aufgehoben.

Aber eine Firewall-Dokumentation ist das nicht.

Ich will zunächst etwas ausholen und darauf eingehen, welche Informationen überhaupt in eine Firewall-Dokumentation gehören, dann allgemeine Vorgehensweisen ansprechen um schließlich auf Techniken zu kommen, die ich bei der OpenWrt-Firewall verwenden kann.

Informationen in einer Firewall-Dokumentation

So, wie es bei einem Artikel oder einem Buch eine Einleitung gibt, die den Kontext als Rahmen für das folgende bestimmt, bin ich bei jeder Dokumentation gut beraten, wenn ich den Kontext dessen angebe, was ich dokumentiere.

Der Kontext einer Firewall besteht aus den Netzen und Endgeräten von denen Datagramme durch die und zur Firewall geschickt werden. Diesen Kontext kann ich der Netzwerk-Dokumentation entnehmen, wenn ich eine solche vorliegen habe. Dabei interessieren mich L1/L2-Netzpläne für direkt angeschlossene Geräte. L3-

Netzpläne benötige ich, um zu wissen, welche Netze sich hinter welchen Gateways verbergen.

Idealerweise habe ich diese Pläne bereits vorliegen. Falls nicht, kann ich diese Informationen aus den ARP-Tabellen, Neighbor-Caches und Routing-Tabellen aus-lesen und aufbereiten. In diesem Fall kann ich jedoch bei den ARP-Tabellen und Neighbor-Caches nicht sicher sein, alle Geräte erfasst zu haben. Dann können mir die Informationen von managed Switches weiterhelfen.

Außer diesen Netzplänen hilft mir eine Inventarliste der beteiligten Systeme bei der Dokumentation der Firewall. Idealerweise enthält diese Liste die Namen und Adressen der Systeme, ihren Einsatzzweck und Hinweise auf ihre Klassifizierung in der Sicherheitsrichtlinie.

Die Sicherheitsrichtlinie selbst bestimmt ebenfalls den Kontext der Firewall und ist damit Bestandteil der Dokumentation, legt sie doch fest, warum bestimmte Regeln in der Firewall vorhanden sind.

Das sind die globalen oder Kontextinformationen, die ich in einer Firewall-Dokumentation zu finden hoffe. Es wird bereits deutlich, dass diese nicht aus einem einzigen Text bestehen kann.

In einer ausführlichen Dokumentation erwarte ich weitere Informationen zu jeder einzelnen Regel:

- Warum wurde diese Regel eingefügt. Zum Beispiel, weil ein Netz wegfiel oder hinzukam oder weil die Sicherheitsrichtlinie geändert wurde.
- Wer hat die Regel eingefügt, wer ist der technische Kontakt und vielleicht der geschäftliche Ansprechpartner, wenn die Regel einen Bereich der Sicherheits-richtlinie mit geschäftlichen Hintergrund berührt.
- Was soll diese Regel oder Gruppe von Regeln bewirken.
- Wann wurde die Regel eingefügt? Wie lange soll die Regel enthalten sein? Gibt es ein Verfallsdatum? Damit kann ich bei den hoffentlich regelmäßig stattfindenden Audits einfach prüfen, ob ich eine Regel entfernen kann.

Diese Informationen kann ich zum Beispiel in einem Ticketsystem oder einer Configuration Management Database pflegen.

Allgemeine Verfahren

Stand der Technik, wenn auch noch lange nicht von jedem angewendet, ist ein Change Management, das zum einen Änderungen der Konfiguration abdeckt und zum anderen die Anpassungen der zugehörigen Dokumentation.

Ich will hier nicht auf einzelne Verfahren eingehen, wichtig ist nur, dass eines etabliert wird, bei dem sich Änderungen in der Konfiguration in der Dokumentation niederschlagen. Idealerweise dokumentiere ich die Änderung zuerst, setze sie dann um, prüfe die Umsetzung und dokumentiere schließlich auch das Prüfergebnis. Das kann sehr aufwendig werden, darum muss jeder für sich selbst entscheiden, wieviel Bürokratie er haben will und wie hoch der Nutzen daraus für ihn ist.

Ein weiterer Baustein sind periodische Reviews. Das bedeutet, in regelmäßigen Abständen kontrolliere ich, ob die Firewall-Konfiguration mit der Dokumentation übereinstimmt. Habe ich mehr Aufwand in das Change Management gesteckt, kann der Review schnell vor sich gehen, weil kaum Abweichungen zu finden sein werden. Sind Abweichungen da, muss ich entscheiden, ob ich die Dokumentation an die Firewall anpasse, die Firewall an die Dokumentation oder beides aneinander. Dabei muss ich prüfen, ob die Firewall noch korrekt im Sinne der Sicherheitsrichtlinie arbeitet.

Egal, wie ich die Firewall dokumentiere, ob nur die Regeln als solches oder weitere Informationen, wie am Anfang des Kapitels beschrieben, auf eines würde ich nie verzichten: ein Versionsverwaltungssystem, mit dem ich alle Änderungen erfasse und bei Bedarf einen älteren Stand wieder herstellen kann.

Abschließend halte ich technische Hilfsmittel für sinnvoll, die automatisch entweder die Regeln aus der Dokumentation oder aus den Regeln eine gut lesbare Dokumentation erzeugen.

Werkzeuge der ersten Art sind gut um die eigene Infrastruktur zu verwalten. Wenn alles korrekt eingestellt ist, liegt dann der größte mentale Aufwand im Bestimmen und Dokumentieren der Regeln, während die Umsetzung halb- oder vollautomatisiert erfolgen kann. Ich muss allerdings immer daran denken, dass Ad-hoc-Änderungen der Regeln im nächsten Update-Zyklus verschwinden, wenn sie nicht dokumentiert werden.

Werkzeuge der zweiten Art sind nützlich, wenn ich eine Firewall, die nicht oder schlecht dokumentiert ist, analysieren will.

Firewall-Dokumentation bei OpenWrt

Generell habe ich drei Wege, um auf die Firewall-Konfiguration bei OpenWrt für die Dokumentation zuzugreifen:

- das Web-Interface LuCI,
- das Kommandozeilen-Interface UCI und
- `iptables-save`.

LuCI, das Web-Interface, ist am besten für Ad-Hoc-Konfiguration geeignet. Diese will ich im Rahmen eines Change Managements jedoch vermeiden.

Zwar ist es möglich, mit Web Bots einen OpenWrt-Rechner automatisch über das Web-Interface zu konfigurieren und dokumentieren, doch sind solche Lösungen zu komplex und vor allem zu anfällig im Hinblick auf Änderungen am Web-Interface.

Besser geeignet für die automatisierte Erfassung der Konfiguration sowie für die Konfiguration selbst ist UCI. Mit `uci export` kann ich eine vorhandene Konfiguration auslesen, mit `uci import` eine neue einlesen.

Der Vorteil gegenüber LuCI ist, dass ich damit eine Softwareschicht ausgeschaltet habe, denn letztendlich verwendet auch LuCI im Hintergrund für die Konfiguration UCI.

Daher ist UCI mein Favorit für eine automatisierte Konfiguration.

Die dritte Möglichkeit, `iptables-save`, eignet sich nur für eine Analyse der Paketfilterregeln selbst. Hier fehlen unter anderem die Informationen zur Konfiguration der Schnittstellen, die `uci export` mitliefert. Der große Vorteil von `iptables-save` ist, dass ich die Firewall-Regeln sehr einfach für die weitere Verarbeitung aufbereiten kann.

Zusätzliche Software

Manchmal reicht mir die Funktionalität nicht und ich benötige weitere Software, die im Firmware-Image von OpenWrt nicht enthalten ist.

Dann kann ich zunächst in den Software Repositories von OpenWrt nachschauen, ob ich dort etwas Passendes finde. Diese Repositories enthalten eine Vielzahl von Paketen, die schon aus Platzgründen nicht alle im Firmware-Image untergebracht werden können.

Finde ich auch dort nichts Geeignetes, gibt es zuweilen die gewünschte Software in Repositories von dritter Stelle. Bei diesen muss ich jedoch bedenken, dass ich damit mein Vertrauen in die Sicherheit der Software nun von OpenWrt auf den Anbieter dieser Software-Pakete ausdehnen und dass in meinen Sicherheitsüberlegungen berücksichtigen muss.

Eine Alternative zu Repositories Dritter ist, die Software selbst zu übersetzen. Diesen Weg muss ich sowieso gehen, wenn ich der Autor bin.

Nach der Frage, woher ich die benötigte Software bekomme, muss ich überlegen, wie ich sie auf den System installiere.

Hier gibt es mehrere Möglichkeiten:

- Ich integriere die Software in meinem Firmware-Image. Diesen Weg kann ich gehen, wenn ich sowieso schon das Firmware-Image selbst erzeugt habe. Dazu muss die Software im Buildroot integriert sein. Auf Details gehe ich hier nicht ein, im Wiki von OpenWrt liefert der Developer Guide[10] Anleitungen dazu.
- Mit dem Software-Verwaltungsprogramm opkg kann ich zusätzliche Software aus den Repositories von OpenWrt oder von dritter Stelle installieren. Nach der Installation der Firmware ist opkg korrekt konfiguriert, so dass ich sofort auf die Repositories von OpenWrt zugreifen kann.

  Für fremde Repositories muss ich die Konfiguration von opkg erst anpassen.

  Eventuell muss ich mir Gedanken machen, wie ich auf meinem Gerät Platz für diese Software schaffe.
- Einfache Skripts, die von den installierten Interpretern (Shell, Lua, ...) ausgeführt werden, kann ich einfach so auf das Gerät kopieren.

---

[10]https://wiki.openwrt.org/doc/guide-developer

Der Software-Paketmanager opkg

In den meisten Fällen dürfte die einfachste Art, zusätzliche Software zu installieren, der Paketmanager opkg sein.

Nach der Installation ist dieser normalerweise auf die Repositories von OpenWrt für die verwendete Hardware eingestellt, so dass ich mir nur mit opkg update die aktuelle Liste der verfügbaren Pakete holen muss.

Dabei gibt es drei Kategorien von Software-Paketen:

- Skripts, die von einem Interpreter wie der Shell abgearbeitet werden. Diese sind unabhängig von der Hardware-Architektur des Gerätes.
- Ausführbare Programme, die direkt vom Prozessor abgearbeitet werden können. Diese sind nur auf der spezifischen Hardware verwendbar, für die sie kompiliert wurden.
- Kernel-Module sind zusätzlich noch von der Version des Kernels im Firmware-Image abhängig. Gerade bei Firmware-Images aus dem Entwicklerzweig (Trunk) muss ich bei der Aktualisierung der Pakete aufpassen, ob sie noch zum laufenden Kernel passen und gegebenenfalls das Firmware-Image mit sysupgrade aktualisieren.

Platz für zusätzliche Software

Beim Installieren von Software mit opkg kann es passieren, dass ich an die Grenze des verfügbaren Speichers gelange.

Bietet die Hardware die Möglichkeit, kann ich vielleicht zusätzlichen Speicher via USB oder Card Reader bereitstellen. Dafür benötige ich vielleicht zusätzliche Kernel-Module für USB und die Dateisysteme, die ich verwenden will.

Falls das Firmware-Image auf einem Wechseldatenträger (CompactFlash- oder SD-Card) untergebracht ist, kann ich vielleicht auf diesem noch freien Speicher nutzen. Dann benötige ich das Paket *block-mount*.

Anschließend muss ich opkg so konfigurieren, dass Software-Pakete in dem zusätzlichen Speicher installiert werden. Zusätzlich muss ich den Suchpfad für ausführbare Programme anpassen, damit diese auch gefunden werden. Details dazu gibt die technische Referenz OPKG Package Manager[11] im OpenWrt-Wiki.

---

[11]https://wiki.openwrt.org/doc/techref/opkg

Software portieren

Die dritte Möglichkeit, an benötigte Software zu gelangen, ist, diese selbst zu übersetzen.

Dazu muss ich diese, am besten mit dem Buildroot-System von OpenWrt, für mein Gerät kompilieren. Sinnvollerweise erzeuge ich gleich ein Paket, das ich mit opkg installieren oder im Firmware-Image einbinden kann.

Dabei kann ich notwendige Abhängigkeiten von anderer Software gleich mit angeben, so dass diese automatisch mit installiert wird.

System aktualisieren

Auch bei OpenWrt muss ich mir Gedanken machen, wie ich mein System aktuell halte. Habe ich die Firmware aus dem Entwicklerzweig (Snapshot) genommen, kommt das häufiger vor, bei einem stabilen Zweig seltener.

Grundsätzlich muss ich dabei zwei Seiten betrachten: das Firmware-Image selbst und nachträglich mit opkg installierte Software. Hier gehe ich kurz auf beide ein.

Firmware-Image aktualisieren

Zum Aktualisieren der Firmware gibt es das Skript sysupgrade, welches die notwendigen Schritte ausführt. Im Wiki[12] gibt es eine Anleitung, die beschreibt, wie man das System von der Kommandozeile oder von der Webschnittstelle LuCI aktualisiert.

Das Skript sysupgrade sichert dabei die Konfigurationsdateien über die Aktualisierung, die in der Textdatei *etc/sysupgrade.conf* aufgeführt sind. Ich muss mich allerdings selbst informieren, ob die alten Konfigurationsdateien noch mit der neuen Version der Firmware funktionieren.

Will ich mich nicht auf sysupgrade verlassen, kann ich diese Dateien auch selbst auf einem anderen Rechner sichern. Dazu schreibe ich mit folgendem Befehl eine Archiv-Datei, die ich anschließend mit scp auf einen anderen Rechner kopiere:

```
# tar czf /tmp/sysupgrade.tar.gz -T /etc/sysupgrade.conf
```

Bei LuCI bekomme ich eine Liste mit Vorschlägen, welche Dateien gesichert werden sollten. Auf der Kommandozeile muss ich mir diese Liste selbst zusammenstellen.

Ein Blick in den Lua-Source-Code von LuCI verrät, woher es diese Vorschläge bezieht:

- die Dateien, die bereits in /etc/sysupgrade.conf aufgeführt sind,
- Dateien, die in den Textdateien unter /lib/upgrade/keep.d/ verzeichnet sind,
- die Ausgabe von opkg list-changed-conffiles.

---

[12]http://wiki.openwrt.org/de/doc/howto/generic.sysupgrade

Damit kann ich mir selbst eine aktuelle Liste zusammenstellen. Konkret verwendet LuCI bei der Version *Chaos Calmer* die folgenden Shell-Befehle, um die Vorschlagsliste zu erstellen:

```
1  (
2    find $(sed -ne '/^[[:space:]]*$/d; /^#/d; p' \
3          /etc/sysupgrade.conf /lib/upgrade/keep.d/* \
4          2>/dev/null) -type f 2>/dev/null; \
5    opkg list-changed-conffiles
6  ) | sort -u
```

Um die Befehle zu verstehen, betrachtet man sie am Besten von außen nach innen. Die Klammern in der ersten und letzten Zeile umfassen eine Subshell, deren Ausgabe an sort geschickt wird, welches die Ausgabe sortiert und dabei Duplikate entfernt. In der Subshell haben wir einen find Befehl in den Zeilen 2-4 und den Befehl opkg list-changed-conffiles in Zeile 5, die die zu sortierenden Zeilen bereitstellen. Der find Befehl gibt nur gefundene Dateien aus (-type f). Wo find nach den Dateien sucht, bestimmt der Ausdruck $(sed ...) in den Zeilen 2-4, der als Dateiliste an find übergeben wird. Der dabei aufgerufene sed Befehl gibt den Inhalt der in Zeile 3 angegebenen Dateien aus, wobei er leere Zeilen und solche, die mit '#' beginnen, auslässt.

Die sortierte Liste, die das Skript ausgibt, kann ich in eine Datei schreiben, nachbereiten und dann zum Sichern der Konfigurationsdateien verwenden.

Die eigentliche Aktualisierung läuft wie folgt ab:

1. Ich prüfe, ob genügend Speicher (RAM) zur Verfügung steht und schaffe, wenn nötig, Platz.
2. Ich kopiere das Upgrade-Image nach /tmp und prüfe die Integrität der Datei.
3. Ich starte sysupgrade mit dem Namen der heruntergeladenen Datei als Argument.

Sollte sysupgrade mein Gerät noch nicht unterstützen, kann ich auf das Programm mtd (Memory Technology Device) zurückgreifen, um das neue Image in die Firmware zu schreiben. Die Details dazu stehen im Wiki von OpenWrt.

Mit dem Programm mtd kann ich, bei extremem Speichermangel auch das Image via Netzwerk mit netcat (nc) bereitstellen. Diese Methode ist jedoch sehr riskant, weil hierbei mehr Störstellen vorhanden sind (Netzkabel, Switch, Rechner, der das Image sendet), so dass die Gefahr, ein defektes Image zu schreiben, höher ist.

Speicher frei räumen

Etwas Speicher kann ich freigeben, indem ich die Listen von opkg lösche:

```
# rm -rf /tmp/opkg-lists
```

Da Linux automatisch verfügbaren Speicher als Cache verwendet, kann ich saubere Cache-Seiten freigeben um noch etwas Speicher zu bekommen:

```
# echo 3 > /proc/sys/vm/drop-caches
```

Bei einem normalen Linux-System, kann ich vorher sync aufrufen, so dass weitere Cache-Seiten freigegeben werden können. Ob das bei OpenWrt wirksam ist, hängt davon ab, ob ich Dateisysteme read-write eingehängt habe (zum Beispiel USB-Sticks). Details dazu finden sich in der Kernel-Dokumentation, konkret in der Datei *Documentation/sysctl/vm.txt*.

Zusätzlich installierte Software aktualisieren

Mit opkg kann ich zusätzliche Software auf einem OpenWrt-System installieren. Diese Software ist nicht Bestandteil des Firmware-Images und belegt extra Platz auf dem Gerät.

Um sie zu aktualisieren, muss ich als erstes die Paketlisten von opkg aktualisieren:

```
# opkg update
```

Danach kann ich mir anzeigen lassen, welche Pakete aktualisiert werden können:

```
# opkg list-upgradable
```

Und genau diese schließlich aktualisieren:

```
# opkg upgrade $(opkg list-upgradable|cut -d\  -f1)
```

Alternativ kann ich die Pakete auch einzeln aktualisieren.

Anhang

Analyse von Iptables-Firewalls

Manchmal muss ich eine mir bisher unbekannte Iptables-Firewall analysieren. Sei es dass ich eine bestehende fremde Firewall übernehmen, warten oder erweitern soll, oder dass ich einen Audit mache, ob die Firewall die Vorgaben einer Sicherheitsrichtlinie erfüllt.

Dann benötige ich eine Aufstellung aller Regeln und Ketten, wie ich sie mit `iptables-save` oder `ip6tables-save` bekomme. Um die Regeln in den richtigen Kontext setzen zu können brauche ich außerdem Informationen über die angeschlossenen Netze und die Routen.

Falls vorhanden, lege ich mir die Sicherheitsrichtlinien, die für diese Firewall gelten, bereit.

Dann hängt mein weiteres Vorgehen von den Antworten auf zwei Fragen ab:

- Kenne ich die Struktur der Regelketten dieser Firewall?
- Kenne ich die Sicherheitsrichtlinie, der diese Firewall unterliegt?

Die Frage nach der Struktur bestimmt mein Vorgehen bei der Analyse der Regeln in den einzelnen Ketten.

Gibt es nur die vordefinierten Ketten oder kenne ich die Struktur, wie zum Beispiel für OpenWrt in diesem Buch beschrieben, kann ich mich sofort an die Analyse der Regeln in den Ketten machen.

Gibt es benutzerdefinierte Ketten und ist mir deren Zusammenspiel nicht klar, beginne ich damit, die Struktur der Regelketten zu analysieren.

Eine Sicherheitsrichtlinie kann mir bei der Interpretation der Regeln helfen. Ist mir die Richtlinie bekannt, kann ich jede Regel danach bewerten, ob sie zu deren Durchsetzung beiträgt und notieren, welchen Teil der Richtlinie sie unterstützt.

Kenne ich die Sicherheitsrichtlinie nicht, muss ich mir bei der Analyse der Regeln nebenher eine Ad-hoc-Richtlinie erarbeiten, um den Sinn der Regeln vielleicht am Ende zu verstehen.

Damit habe ich die Vorbereitungen abgeschlossen und kann beginnen, den Paketfilter zu analysieren. Ich betrachte die Tabellen *raw*, *mangle*, *nat* und *filter* jeweils für sich und berücksichtige dabei die Erkenntnisse aus den anderen Tabellen.

Struktur der Regelketten

Benutzerdefinierte Regelketten sind ein zweischneidiges Schwert: sie können Paket-filterregeln vereinfachen und übersichtlicher machen oder die Analyse des Paketfil-ters erschweren, wenn mir der Zusammenhang zwischen den Ketten nicht klar ist.

Für OpenWrt habe ich den Zusammenhang zwischen den Regelketten im Kapitel "Modell der Firewall-Regeln bei OpenWrt" erläutert. Bei einer anderen Firewall oder vielleicht schon einer anderen Version von OpenWrt können ganz andere Ketten im Spiel sein. Dann muss ich deren Struktur erst analysieren.

Damit eine benutzerdefinierte Regelkette überhaupt berücksichtigt wird, muss es einen Sprung aus einer anderen Kette, die selbst berücksichtigt wird, zu ihr geben. Die vordefinierten Ketten werden auf jeden Fall berücksichtigt, sie sind die Einsprungspunkte im Kernel.

Diese Sprünge sind für mich als Graphen - mit den Regelketten als Knoten und den Sprung-Regeln als Kanten dazwischen - am anschaulichsten. Solche Graphen kann ich aus der Ausgabe von iptables-save und ip6tables-save gewinnen. Das Perl-Modul *App::Iptables2Dot* enthält ein Programm, welches mir die Ausgabe von iptables-save für das Programm dot von Graphviz aufbereitet. Mit dot kann ich mir den Graph als Bild in verschiedenen Formaten ausgeben lassen.

Damit bekomme ich eine graphische Übersicht über die Struktur der Regelketten. Mit dieser graphischen Übersicht kann ich auf einen Blick erkennen, von welcher Kette es zu welcher anderen geht und ob es Regelketten gibt, die überhaupt nicht erreicht werden.

Nun kann ich mir die Regeln anschauen und darüber auf den Zweck der einzelnen Regelketten schließen.

Nachdem ich mich auf diese Art mit der Struktur der Regelketten vertraut gemacht habe, kann ich mit der detaillierten Analyse der einzelnen Ketten beginnen.

Analyse der Regeln in den Ketten

Ich beginne mit den vordefinierten Regelketten. Nacheinander betrachte ich alle Regeln einer Kette und vergleiche meine Erkenntnisse mit der Sicherheitsrichtlinie. Steht mir keine Richtlinie zur Verfügung, formuliere ich eine Ad-Hoc-Richtlinie an Hand der Regeln.

Stelle ich dabei fest, dass eine Regel nur im Verbund mit anderen Regeln arbeiten kann, mache ich mir eine Notiz und schaue später nach, ob die anderen Regeln vorhanden sind.

Bin ich fertig mit allen Regeln einer Kette, mache ich mit der ersten angesprungenen benutzerdefinierten Kette weiter, dann mit den anderen bis ich alle Regelketten abgearbeitet habe. Am Ende habe ich alle Regeln betrachtet und Notizen und Anmerkungen zur Sicherheitsrichtlinie.

Habe ich Regeln gefunden, die von der Sicherheitsrichtlinie nicht gedeckt sind, überlege ich, ob diese Regeln entfernt werden können. Dabei ist es hilfreich, die Meinung anderer Betroffener zu hören. Gibt es ein Change Management, finde ich vielleicht in den Aufzeichnungen Informationen zu diesen Regeln.

Finde ich hingegen Teile der Sicherheitsrichtlinie, die nicht durch Paketfilterregeln abgedeckt sind, überlege ich, mit welchen Regeln ich die Firewall ergänzen kann.

Risikoanalyse

Wenn ich Firewall-Regeln für einen Paketfilter aufstelle, so balanciere ich dabei zwischen dem möglichst ungehinderten Durchlassen erwünschten Datenverkehrs und dem möglichst vollständigen Sperren unerwünschten Datenverkehrs. Die Entscheidungen, die ich treffen muss, sind nicht immer trivial, weswegen ich mich gern auf - vorher erstellte - Sicherheitsrichtlinien stütze.

Eine Sicherheitsrichtlinie bestimmt grob, welcher Datenverkehr wo in meinem Netzwerk erwünscht ist und welcher nicht. Zusätzlich gibt sie eine Vorgabe, ob nicht klassifizierter Datenverkehr erlaubt ist oder verboten. Diese Vorgabe kann in einem größeren Netzverbund an verschiedenen Stellen unterschiedlich ausfallen.

Diese Sicherheitsrichtlinie hilft mir beim Aufstellen konkreter Paketfilterregeln. Dazu muss ich sie aber erst einmal erarbeitet haben. Dem geht die Ermittlung meines Schutzbedarfs voraus, die Risikoanalyse.

Wichtig ist, dass ich die Grenzen des Systems bestimme. Sinnvollerweise liegen diese in meinem Verantwortungsbereich, da eine Sicherheitsrichtlinie nur dann ihren Zweck erfüllt, wenn ich sie auch durchsetzen kann.

Bei der Risikoanalyse identifiziere und bewerte ich Risiken, um dann im Rahmen des Risikomanagements mögliche negative Ereignisse mit geeigneten Maßnahmen zu vermeiden, zu reduzieren oder auf Dritte abzuwälzen. Negative Ereignisse im Rahmen der IT-Sicherheit sind Beeinträchtigungen der Vertraulichkeit, der Integrität oder der Verfügbarkeit von Daten.

Beeinträchtigung oder Verletzung der Vertraulichkeit bedeutet, dass Informationen einem Personenkreis zugänglich werden, der dafür nicht berechtigt ist. Das können private E-Mails sein, geheime Geschäftsunterlagen oder anderes.

Beeinträchtigung oder Verletzung der Integrität ist zum Beispiel die Manipulation von Daten durch Dritte, wie zum Beispiel das Verändern von Websites oder das Injizieren von SQL-Code in ein Content Management System.

Beeinträchtigung der Verfügbarkeit heißt, dass legitime Nutzer ein System nicht mehr in vollem Umfang nutzen können. Das kann im einfachsten Fall durch Denial-of-Service-Attacken passieren, entweder durch Überlastung des Systems oder durch vollständige Abschaltung, wie zum Beispiel mit Ping of Death.

Strukturanalyse

Ein wichtiger Bestandteil der Risikoanalyse ist die Strukturanalyse, das Erfassen aller IT-Komponenten, die mit dem betrachteten System verbunden sind. Die IT-Systeme in einem privaten Haushalt lassen sich meist in wenigen Minuten erfassen. Bei einer kleinen Firma dauert es vielleicht einen Tag, bei großen Organisationen muss ich mit mehreren Wochen rechnen und bin auf die Mitarbeit anderer angewiesen.

Habe ich alle IT-Systeme erfasst, kann ich diese nach Typen, das heißt Kategorien gleichartiger Geräte, wie Arbeitsplatzrechner, Server, Router, Switch usw., gruppieren. Für jedes IT-System in einer dieser Gruppen muss ich mit den gleichen Bedrohungen rechnen wie für alle IT-Systeme der gleichen Gruppe. Dementsprechend stehen mir dafür die gleichen Präventionsmaßnahmen zur Verfügung.

Es wäre jedoch Verschwendung, alle Systeme gleich behandeln zu wollen, ihr Risiko bezüglich Vertraulichkeit, Integrität und Verfügbarkeit mit gleichem Aufwand zu bewerten und entsprechende Maßnahmen einzuleiten.

Anforderungen an die Sicherheit

Darum ist der nächste Schritt, der auch parallel zur Strukturanalyse ablaufen kann, die Ermittlung der Aktivposten: wo habe ich welches Vermögen, womit verdiene ich wie viel Geld, wie gebe ich Geld aus. Natürlich kann ich auch versuchen, immaterielle Güter wie Ansehen und Reputation zu bewerten. Zu jedem der Aktivposten ermittle ich die Anforderungen bezüglich Vertraulichkeit, Integrität und Verfügbarkeit.

Wenn ich zum Beispiel Internet-Banking betreibe, dann hat dieser Aktivposten sehr hohe Anforderungen bezüglich Vertraulichkeit (die Kennworte und TANs) und Integrität (die eingegebenen Beträge und Kontonummern) aber meist geringe Anforderungen an die Verfügbarkeit, es sei denn, ich würde meine Rechnungen immer erst zum letztmöglichen Termin bezahlen.

Bei einem Monitoring-System sind die Ansprüche bezüglich Vertraulichkeit geringer, dafür aber hoch bezüglich Integrität (ich möchte keine Fehlalarme) und in Bezug auf Verfügbarkeit, da ich keinen Alarm verpassen will.

Ich gruppiere im nächsten Schritt alle in der Strukturanalyse ermittelten Systeme entsprechend den Aktivposten. Die Anforderungen an die Systeme in den einzelnen Gruppen ergeben sich aus den Anforderungen der Aktivposten. Bei IT-Systemen, die für mehrere der Aktivposten genutzt werden, nehme ich die höchste Anforderung bezüglich Vertraulichkeit, Integrität und Verfügbarkeit.

Nachdem ich so den Schutzbedarf aller Systemkomponenten bestimmt habe, schaue ich als nächstes auf die konkreten Bedrohungen der Komponente und wähle je nach Bedarf die Maßnahmen aus, die mich davor schützen können. Hierbei betrachte ich die IT-Komponenten nach ihrem Typ. Die IT-Grundschutzkataloge des BSI kann ich dabei als Ausgangspunkt für eigene Überlegungen verwenden. Mehr zum IT-Grundschutz finde ich unter [BSI Grundschatz].

Finde ich für eine Komponente keine geeigneten Schutzmaßnahmen, muss ich eine Änderung der Struktur des IT-Systems in Betracht ziehen. Das würde eine erneute Strukturanalyse nach sich ziehen.

Alle ermittelten Maßnahmen fasse ich in Sicherheitsrichtlinien zusammen, aus denen ich am Ende unter anderem die Regeln für die Paketfilter ableite.

Fallstricke

Viele IT-Infrastrukturen, in denen Firewalls eingesetzt werden, sind aus Insellösungen entstanden, kleinen Netzen oder einzelnen Rechnern, die irgendwann mit anderen Netzen oder dem Internet verbunden wurden. Dabei bot sich die Vorstellung eines einzigen Schutzwalls, einer Firewall zwischen dem bestehenden - internen - Netz und dem anderen - externen - Netz an. Einerseits vereinfacht diese Betrachtungsweise die Konfiguration der Firewall am Perimeter, dem Verteidigungsring zwischen innen und außen. Andererseits lassen sich damit vordergründig Kosten sparen.

Das Hauptproblem bei der Beschränkung auf diese simple Betrachtungsweise ist, dass ein einziger Weg von außen nach innen ausreicht, um das gesamte Konzept unwirksam zu machen.

Aus diesem Grund ist es essentiell, bei der Risikoanalyse und den darauf aufbauenden Sicherheitsrichtlinien die verwendeten Modelle stets kritisch zu hinterfragen.

Sicherheitsrichtlinien

Die beste Risikoanalyse nützt wenig, wenn ihre Erkenntnisse nicht praktisch angewendet werden. Nun kann man in der Praxis nicht für jede einzelne Entscheidung dutzende oder gar hunderte Seiten wälzen. Hier benötigt man kurze, präzise Dokumente, die die wesentlichen Punkte in Erinnerung rufen - Richtlinien, für das Thema des Buches: Sicherheitsrichtlinien.

Damit diese kurz und präzise sein können, müssen sie sich jeweils auf ein eng begrenztes Thema beschränken. Das bedeutet wiederum, dass für manche Themenbereiche mehrere Richtlinien gelten. Hier muss ich darauf achten, dass die einzelnen Richtlinien einander nicht widersprechen. Dafür ist es sinnvoll, diese nicht nur nach dem Thema sondern zusätzlich nach dem Geltungsbereich abzugrenzen.

Damit man die benötigten Informationen in den Richtlinien leicht findet, empfiehlt es sich, ein einheitliches Format zu schaffen und Templates zu verwenden.

Beispiele für Sicherheitsrichtlinien finden sich beim SANS Institute[13].

Generell sollten Sicherheitsrichtlinien die folgenden Punkte enthalten:

- Überblick
- Zweck
- Geltungsbereich
- Anweisungen
- mitgeltende Unterlagen
- Einhaltung
- Änderungsverzeichnis

Die aktuelle Version sowie der Name oder die Nummer der Richtlinie sollte auf jeder Seite zu finden sein, zum Beispiel in den Kopf- oder Fußzeilen.

Der **Überblick** gibt kurz und knapp den Kontext der Richtlinie an. Dafür reicht oft ein Satz.

Der **Zweck** beschreibt die Ziele, die mit dieser Richtlinie erreicht werden sollen. Da das Thema der Richtlinie eng begrenzt ist, sollte auch dieser Abschnitt nicht allzu groß werden.

---

[13]http://www.sans.org/security-resources/policies/

Der **Geltungsbereich** schränkt ein, wo die Richtlinie anzuwenden ist.

Diese ersten drei Punkte helfen dabei, zu bestimmen, ob eine vorliegende Richtlinie beim konkreten Problem überhaupt anwendbar ist und gehören daher an den Anfang.

Die **Anweisungen** stellen den Kern der Richtlinie dar. Das kann der umfangreichste Abschnitt sein, die Richtlinie kann aber auch nur aus einer einzigen Anweisung bestehen.

Unter dem Punkt **mitgeltende Unterlagen** finden sich Hinweise auf weitere Dokumente oder andere Richtlinien, die in dem betreffenden Geltungsbereich zusätzlich zu berücksichtigen sind.

Diese beiden Punkte sind der Kern der Richtlinie. Auf sie folgen noch ein paar Punkte, die sich mehr mit der Richtlinie und dem Umgang mit ihr beschäftigen als mit dem eigentlichen Thema. Da diese Punkte seltener benötigt werden, kommen sie nach dem Hauptteil.

Der Abschnitt **Einhaltung** beschäftigt sich mit der Durchsetzung der Richtlinie. Wie wird das kontrolliert? Wie können Ausnahmen geregelt werden? Was passiert bei Nichteinhaltung der Richtlinie? Damit regelt dieser Abschnitt auch, wie die Richtlinie geändert werden kann.

Das **Änderungsverzeichnis** ist oft nur für diejenigen interessant, die die Richtlinie erstellen und kommt daher ganz zum Schluss. Hier reicht eine tabellarische Aufführung der veröffentlichten Versionen.

Glossar

6rd IPv6 Rapid Deployment on IPv4 Infrastructures, ein Verfahren zum Tunneln von IPv6 über IPv4-Netze, in RFC 5569 und RFC 5969 beschrieben.

6to4 Connection of IPv6 Domains via IPv4 Clouds, ein Verfahren zum Tunneln von IPv6 über IPv4-Netze, in RFC 3056 beschrieben.

Advanced Persistent Threats, APT
Gezielte Angriffe, bei denen Angreifer mit Nachdruck und umfangreichen Ressourcen versuchen in Rechnersysteme beziehungsweise -netzwerke einzudringen.

APIPA
Automatic Private IP Addressing, Implementierung von Microsoft für die automatische Netzwerk-Konfiguration Zeroconf.

Application Gateway, Application Layer Gateway
Ein anwendungsspezifischer Dienst, der Hosts in einem Adressbereich erlaubt sich mit Hosts in einem anderen Adressbereich zu verbinden. Definiert in RFC 2663.

ARP Address Resolution Protocol, ermittelt die zu einer IP-Adresse gehörende Adresse der Netzzugangsschicht. Beschrieben in RFC 826.

Arptables
Programm des Netfilter-Frameworks von Linux, mit dem die Regeln für ARP-Einträge verwaltet werden können.

Basic NAT
ein Block von externen Adressen wird reserviert für die Adressen von Hosts in einem privaten Netzbereich, wenn sie Verbindungen zum externen Bereich aufbauen.

Bi-directional NAT

erlaubt den Aufbau von Verbindungen von beiden Seiten (intern und extern). Wird auch Two-Way-NAT genannt.

Bonjour

Implementierung von Apple für die automatische Netzwerk-Konfiguration Zeroconf.

Broadcast

Broadcast-Nachrichten werden an alle Teilnehmer eines Teilnetzwerks gesendet, im Gegensatz zu Multicast und Unicast.

Broadcast-Domain

Bereich eines Netzwerkes, bis zu dem Broadcast-Nachrichten gesendet werden. Üblicherweise alle Geräte im selben Layer2-Netzwerk.

Captive Portal

Ein Captive Portal leitet einen Webbrowser in einem Netzwerk auf eine spezielle Seite um, bei der er sich anmelden muss, bevor er alle Funktionen des Netzwerkes nutzen kann.

CLI Command Line Interface, die Kommandozeile, ein oft schwarzer Kasten, in dem man Befehle als Text eingibt und Ausgaben als Text präsentiert bekommt.

Connection Tracking

Auf Deutsch auch Verbindungsverfolgung. Die Statusinformationen von Verbindungen werden gespeichert, um ankommende Datagramme besser auf Gültigkeit prüfen zu können. Für bestimmte Protokolle, wie FTP, SIP, TFTP gibt es spezielle Connection Tracking Module, die den Inhalt der Daten untersuchen, um weitere zur Sitzung gehörende Verbindungen identifizieren zu können.

Datagramm

Eine einzelne, unabhängige Dateneinheit, die vom Sender an den Empfänger geschickt wird. Auch Datenpaket genannt.

Datagramm-Header

Die Verwaltungsinformationen für das Versenden eines Datagramms werden diesem üblicherweise vorangestellt und als Header bezeichnet. Da die Datenübertragung gemäß dem OSI-Modell in Schichten unterteilt wird und die höheren Schichten die Dienste der tieferen Schichten nutzen, wird ein Datagramm um so länger, je tiefer die betrachte Schicht ist. So wird beispielsweise einem Datagramm, das per UDP über Ethernet versendet wird, zunächst der UDP-Header vorangestellt, diesem wiederum der IP-Header und diesem der Ethernet-Header. Auf dem Kabel gehen dem eigentlichen Datenstrom ein paar Takte voraus, um dem Empfänger die Synchronisierung zu ermöglichen.

DHCP

Dynamic Host Configuration Protocol, ein Protokoll, dass die Zuweisung der Netzwerk-Konfiguration an Clients durch einen Server ermöglicht. Da dieses Protokoll auch über Router verwendet werden kann, ist es möglich, dass ich es bei der Firewall-Konfiguration berücksichtigen muss. Beschrieben in RFC 2131.

DMZ

Demilitarisierte Zone, ein Teilnetz eines Computernetzwerkes mit kontrollierten Zugriffsmöglichkeiten. Eine DMZ wird meist zwischen Netzen, deren Verkehr reguliert werden soll, eingerichtet, zum Beispiel zwischen dem lokalen Netz und dem Internet.

DNAT

Destination NAT, Änderung der Zieladresse, siehe dazu auch NAT.

DNS Domain Name System, einer der wichtigsten Dienste in IP-basierten Netzwerken, beantwortet unter anderem Anfragen zu Rechner- und Dienstnamen, Adressen und Zertifikaten.

DPI Deep Packet Inspection, ein Verfahren zur Überwachung und Filterung von Netzwerk-Datagrammen. Während klassische Paketfilter nur die Datagramm-Header untersuchen, werden hier sowohl Header als auch Daten berücksichtigt.

Dual-Stack-Betrieb

Gleichzeitiger Betrieb von IPv4 und IPv6.

Ebtables

Programm des Netfilter-Frameworks von Linux zu Administration von Ethernet-Bridges.

ECN Explicit Congestion Notification, eine Erweiterung von TCP/IP zur Überlastkontrolle, beschrieben in RFC 3168.

Encapsulation

Das Verpacken von Datagrammen, einschließlich Headern, als Nutzdaten in einem anderen Protokoll. Encapsulation wird zum Beispiel bei VPNs verwendet, aber auch um IPsec-Datagramme über einen NAT-Router zu transportieren. Aufgrund der beschränkten maximalen Größe eines Datagramms, reduziert sich die MTU des eingepackten Protokolls.

Ethernet

Bezeichnung für die Technologie, das Protokoll und die Hardware für kabelgebundene Datennetze. Bildet die Schichten 1 und 2 des OSI-Modells ab.

Ethernet-Bridge

Ein Gerät, dass zwei Ethernet-Netze miteinander verbindet. Das kann ein einfacher Switch sein, oder eine Firewall, bei der man dann Datagramme der OSI-Schichten 1 und 2, die normalerweise nicht über Router gesendet werden, filtern kann.

Firewall-Cluster

Eine Gruppe von Firewalls, die Zustandsinformationen austauschen, um entweder bei Ausfall eines Geräts unverzüglich mit einem anderen weiter zu arbeiten, oder den Datenverkehr im Sinne einer Lastverteilung gleichzeitig zu filtern.

Firmware

Software, die in einem Gerät eingebettet ist und vom Anwender gar nicht oder nur mit speziellen Mitteln ausgetauscht werden kann.

Fragmentierung

Ein Computernetz kann Datagramme nur bis zu einer bestimmten Maximalgröße am Stück transportieren. Überschreitet ein Datagramm diese Größe, muss es aufgeteilt (fragmentiert) werden.

FTP File Transfer Protocol, ein Protokoll zur Übertragung von Dateien. Ein wesentliches Merkmal dieses Protokolls ist, dass für Befehle und Daten verschiedene TCP-Sitzungen verwendet werden. Um dieses Protokoll sauber filtern zu können, müssen die TCP-Sitzungen verfolgt und die Ports für die Daten dynamisch freigegeben werden.

GRE Generic Routing Encapsulation, dient dazu, andere Protokolle einzukapseln und über das Internet-Protokoll zu transportieren, beschrieben in RFC 2890.

Hair-Pinning

Manchmal auch NAT Loopback genannt, meint die Kommunikation zwischen zwei Geräten hinter demselben NAT-Router über dessen öffentliche Adresse. Damit das funktioniert, muss es vom NAT-Router unterstützt werden. Beim OpenWrt-Filter wird das bei der Konfiguration via LuCI meist automatisch eingestellt.

Hole-Punching

Meint ein Verfahren, mit dem zwei Geräte, die beide hinter NAT-Routern angeschlossen sind, trotzdem eine direkte UDP-Verbindung aufbauen können. RFC 3489 beschreibt eine weiterentwickelte Form des Verfahrens.

ICMP

Internet Control Message Protocol, dient dem Austausch von Informations- und Fehlermeldungen für IPv4, definiert in RFC 792.

ICMPv6

ICMP für IPv6.

IDS Intrusion Detection System, dient der automatischen Erkennung von Angriffen gegen ein Computersystem oder -netz.

IETF

Internet Engineering Task Force, beschäftigt sich mit der technischen Weiterentwicklung des Internet.

IGMP

Internet Group Management Protocol, dient zur Organisation von Multicast-Gruppen bei IPv4. Bei IPv6 werden dessen Aufgaben von ICMPv6 übernommen.

IP   Internet Protokoll

Ip6tables
   Programm des Netfilter-Frameworks von Linux, mit dem die Regeln für den
   IPv6-Paketfilter verwaltet werden können.

IPS   Intrusion Prevention System, soll Funktionen bereitstellen, die einen aktuellen
   Angriff gegen ein Computersystem oder -netz abwehren können.

IPsec
   Internet Protocol Security, ein Satz von Protokollen, die eine kryptographisch
   gesicherte Kommunikation über unsichere Netze ermöglichen soll.

Iptables
   Programm des Netfilter-Frameworks von Linux, mit dem die Regeln für den
   IPv4-Paketfilter verwaltet werden können.

IPv4 Internet Protocol Version 4, wurde 1981 im RFC 791 definiert.

IPv6 Internet Protocol Version 6 ist der Nachfolger von IPv4.

ISATAP
   Intra-Site Automatic Tunnel Addressing Protocol, ein Verfahren, um IPv6-
   Datagramme über IPv4-Netze zu übertragen.

ISP   Internet Service Provider, ein Dienstleister, der einen Zugang zum Internet
   anbietet.

L1, L2, L3
   Die untersten Ebenen des OSI-Modells, L1 die Bitübertragungsschicht, L2 die
   Sicherungsschicht, L3 die Vermittlungsschicht.

Layer2-Domain
   Bereich eines Netzwerkes, in dem alle angeschlossenen Geräte in der selben
   Sicherungsschicht verbunden sind. Bei IPv4 alle Geräte, die über die Broadcast-
   Adresse erreicht werden können, bei IPv6 alle Geräte, die über ihre link-lokalen
   Adressen erreicht werden können.

link-lokale Adresse
> durch Autokonfiguration ermittelte Adresse. Bei IPv4 via Zeroconf ausgehandelt, bei IPv6 durch SLAAC.

MAC-Adresse
> Media Access Control Address, die Hardware-Adresse jedes einzelnen Netzwerkadapters.

Masquerading
> das Verbergen ganzer Netzwerke hinter einer einzelnen IP-Adresse bei NAT.

Monitoring
> das Überwachen von Computern und Netzwerk-Komponenten auf Fehlerzustände.

MSS Maximum Segment Size, die maximale Anzahl von Bytes, die als Nutzdaten in einem TCP-Segment (einem Datagramm) versendet werden können. Ist immer bezogen auf eine TCP-Sitzung, wird beim Verbindungsaufbau ausgehandelt und ist geringer als die MTU.

MSS-Clamping
> Ein Hack, mit dem die MSS auf einem Datenpfad von einem Router begrenzt wird, damit die einzelnen Datagramme nicht größer werden wie die MTU. Funktioniert nur mit TCP.

MTU
> Maximum Transmission Unit, maximale Größe eines nicht fragmentierten Datagramms in einem Computernetzwerk. Ist größer als die MSS bei TCP, da für diese noch die Größe des IP- und des TCP-Headers von der MTU abgezogen werden muss.

Multicast
> Multicast-Nachrichten werden an eine Gruppe von Empfängern gesendet, im Gegensatz zu Broadcast und Unicast.

Multicast-DNS
> Bestandteil der automatischen Konfiguration von Zeroconf zur Auflösung von Namen. Im Gegensatz zu normalem DNS, bei dem wenige DNS-Server für die

Namensauflösung zuständig sind, antwortet bei Multicast-DNS jeder Knoten
auf Anfragen zu den von ihm beanspruchten Namen.

NAPT

Network Address Port Translation, eine Art von NAT, bei der sowohl die
Adressen als auch die Ports geändert werden. Wird zum Beispiel verwendet,
wenn mehrere Adressen eines Netzes zu einer einzigen Adresse umgesetzt
werden sollen. Masquerading bei Linux ist eine Form von NAPT.

NAT Network Address Translation, das Verändern der Quell- und/oder Ziel-Adressen
von Datagrammen, die einen Router oder eine Firewall passieren.

NATBlaster

Verfahren und Software zum Aufbau von direkten TCP-Verbindungen zwischen zwei Geräten, die sich beide hinter NAT befinden.

NAT-Traversal

Verfahren zum Errichten und Aufrechterhalten von Netzwerkverbindungen
über NAT-Geräte. Es gibt verschiedene Verfahren, die abhängig sind vom
Verhalten der NAT-Geräte und von den Anforderungen der transportierten
Daten. Wird zum Beispiel benötigt für Peer-to-Peer-Dateiaustausch, Voice-
over-IP oder IPsec.

Neighbor Discovery

Das Auflösen von IPv6-Adressen zu Link-Layer-Adressen. Ersetzt ARP von
IPv4.

Netfilter

Software-Projekt, das Paketfilter, NAT und weitere für Firewalls relevante
Werkzeuge für Linux bereitstellt. Darum geht es in diesem Buch.

Network Realm

Netzwerkbereich, in dem Adressen eindeutig vergeben sind. Bei der Kommunikation zwischen verschiedenen Network Realms wird oft NAT eingesetzt,
wenn die Adressräume überlappen oder wenn Adressen aus einem Realm
ungültig im anderen sind.

OpenVPN

Programm zum Aufbau von VPN über verschlüsselte TLS-Verbindungen. Kann mit UDP oder TCP arbeiten.

OPKG Package Manager

Programm zu Software-Verwaltung unter OpenWrt.

OSI-Modell

Schichtenmodell, das als Grundlage für den Entwurf von Kommunikationsprotokollen entwickelt wurde.

Packet Flow

Richtung in der sich ein Datagramm bewegt, bezogen auf ein Netzwerkinterface.

Path-MTU

Die kleinste MTU aller Teilnetze, die ein Datagramm durchquert um vom Sender zum Empfänger zu gelangen. TCP hat einen Mechanismus, um die Path-MTU automatisch zu bestimmen, der durch einen unsachgemäß eingestellten Paketfilter gestört werden kann.

Perimeter-Router

Router an der Grenze zwischen zwei Netzen, die zu verschiedenen Verantwortungsbereichen gehören. Zum Beispiel ein Internet-Zugangsrouter.

Port-Scan

Ausprobieren verschiedener Ports an einem oder mehreren Rechnern, um zu überprüfen, ob an diesen Ports Dienste angenommen werden.

PPP Point-to-Point Protocol, ursprünglich ein Protokoll für Wählleitungen, ist heute das Standardprotokoll für Internetprovider.

Privacy Extensions

Erweiterung für IPv6, durch die sich Client-Rechner selbst regelmäßig wechselnde Adressen zuweisen damit ein Rechner nicht an Hand seiner IPv6-Adresse wiedererkannt werden kann. Für Server eher nicht geeignet.

Proxy

Programm, dass stellvertretend für ein Client-Programm eine Verbindung aufbaut. Dabei baut das Client-Programm die Verbindung zum Proxy auf und dieser wiederum zum Server.

Receive-Window

Bei TCP die maximale Datenmenge, die ein Computer empfangen kann, ohne diese bestätigen zu müssen. Will der Sender mehr Daten schicken, muss er auf eine Bestätigung der bisher gesendeten Daten warten.

RFC Request for Comments, Name für eine Reihe von Dokumenten zum Internet, in denen die meisten im Internet verwendeten Protokolle beschrieben sind.

Router

Netzwerkgerät, dass Datagramme zwischen verschiedenen Layer2-Domains weiterleiten kann.

SELinux

Security Enhanced Linux, Erweiterung des Linux-Kernels für verbesserte Sicherheit.

Session Flow

Richtung, in der eine Verbindung initiiert wurde, bezogen auf ein Netzwerkinterface. Da eine Verbindung in den meisten Fällen aus Datagrammen in zwei Richtungen besteht, ist der Session Flow mitunter verschieden vom Packet Flow.

SIP Session Initiation Protocol, Protokoll zum Aufbau, zur Steuerung und zum Abbau von Verbindungen zwischen zwei und mehreren Teilnehmern, wird häufig in der IP-Telefonie verwendet und ist in RFC 3261 beschrieben.

SLAAC

siehe Stateless Address Auto Configuration.

SMTP

Simple Mail Transfer Protocol, zum Austausch von E-Mails im Internet.

SNAT

Source NAT, die Veränderung der Quelladresse eines Datagramms.

SNMP

Simple Network Management Protocol, einfaches Protokoll zu Überwachung und Steuerung von Geräten in einem Computernetz.

SOHO

Small Office Home Office, Bezeichnung für kleine Büros und Heimarbeitsplätze und für alles, was in diesem Zusammenhang verkauft wird, zum Beispiel SOHO-Router.

SSH Secure Shell, Bezeichnung für ein Protokoll und das entsprechende Programm, mit dem eine verschlüsselte Verbindung zu einem entfernten Rechner hergestellt kann.

stateful

zustandsorientiert/zustandsbehaftet, bei einem Paketfilter bedeutet das, dass dieser sich den Zustand der Verbindungen, die über ihn laufen, merkt und bei der Bewertung der Datagramme berücksichtigt.

stateless

zustandslos, bei einem Paketfilter bedeutet das, dass jedes Datagramm ausschließlich nach den Regeln und den im Paket enthaltenen Daten bewertet wird.

Stateless Address Auto Configuration

Verfahren zur zustandslosen automatischen Adresskonfiguration von Geräten in einem IPv6-Netz. Zustandslos meint, dass die Adresse weder zentral vergeben noch gespeichert wird.

STUN

Session Traversion Utilities for NAT, ein einfaches Protokoll um NAT-Router zu erkennen und direkte Verbindungen von Geräten, die sich hinter verschiedenen NAT-Routern befinden, zu ermöglichen. Benötigt einen Rendezvous-Server im Internet.

TCP Transmission Control Protocol, ein zuverlässiges, verbindungsorientiertes, paketvermitteltes Transportprotokoll für Computernetze. Paketvermittelt meint, dass das Protokoll Datagramme für die Verbindung verwendet. Zuverlässig meint, dass verlorene Datagramme automatisch wiederholt werden. Verbindungsorientiert meint, dass die Daten beim Empfänger in der Reihenfolge ankommen, in der sie beim Sender versandt werden.

TCP-Stealth

Eine Erweiterung für TCP, die konform mit dem Standard ist, aber ermöglicht, offene Ports an einem Server vor Port-Scans zu verbergen.

Telnet

Protokoll und Programm zur unverschlüsselten Datenübertragung über TCP.

Teredo

IPv6-Übergangsmechanismus mit dem IPv6-Datagramme über IPv4-Netz übertragen werden können.

TFTP

Trivial File Transfer Protocol, ein sehr einfaches Protokoll zur Übertragung von Dateien. Wird zum Beispiel beim Starten von Rechnern aus dem Netzwerk oder zum Sichern von Konfigurationsdateien von Routern verwendet.

Twice-NAT

Sowohl Quell- als auch Zieladresse von Datagrammen werden übersetzt. Twice-NAT wird verwendet, um Netzwerkbereiche mit überlappendem Adressraum und Adresskollisionen zu verbinden.

UDP

User Datagram Protocol, ein minimales, verbindungsloses Protokoll zur Datenübertragung. Es gibt keine Gewähr, dass die Daten überhaupt oder in der richtigen Reihenfolge ankommen.

Unicast

Eine Unicast-Nachricht geht vom Sender zu genau einem Empfänger, im Gegensatz zu Broadcast und Multicast.

VoIP

Voice over IP, Telefonieren über das Internet

VPN
Virtual Private Network, ein Netzwerk, das zum Datentransport andere Netzwerke, zum Beispiel das Internet verwendet. Zum Schutz der Kommunikation

im VPN werden die Datagramme oft verschlüsselt über das Transportnetz verschickt.

WAN

Wide Area Network, System von Computern, die über große Entfernungen miteinander vernetzt sind. Bei SOHO-Routern meist die Bezeichnung für den Internet-Anschluss.

WLAN

Wireless Local Area Network, lokales Funknetz.

X86 Abkürzung für eine Mikroprozessor-Architektur, die auf die Prozessoren der 8086/8088 Reihe von Intel zurückgeht.

Literatur

Bücher

Hagen2014

Hagen, Silvia; IPv6 Essentials - Integrating IPv6 into your IPv4 Network; O'Reilly, Sebastopol, 2014; ISBN 978-1-449-31921-2
    Die Bücher von Silvia Hagen sind hilfreich für das Einarbeiten in das Thema IPv6.

SteChe2005

Steinberg, Daniel H., Cheshire, Stuart; Zero Configuration Networking: the Definite Guide; O'Reilly, Sebastopol, 2005; ISBN 978-0-596-10100-8
    Die Autoren beschreiben detailliert die Mechanismen zur automatischen Netzwerkkonfiguration von elektronischen Geräten. Wer nur einen kurzen Überblick möchte, kann zunächst zu dem Artikel [ctRudl2014] greifen.

Weidner2012

Weidner, Mathias; Linux kopflos mit PC Engines ALIX; Lulu Press, Raleigh, 2012; ISBN 978-1-4717-2849-5
    In einem Kapitel dieses Buches hatte ich mich mit der Konfiguration des Paketfilters bei einer älteren Version von OpenWrt beschäftigt.

Artikel

BiFeWiPe2005

Andrew Biggadike, Daniel Ferullo, Geoffrey Wilson, Adrian Perrig; NATBLASTER: Establishing TCP Connections Between Hosts Behind NATs; Proceedings of ACM SIGCOMM ASIA Workshop 2005 http://www.netsec.ethz.ch/publications/papers/natblaster.pdf

Die Autoren beschreiben ein Verfahren, um direkte TCP-Verbindungen zwischen zwei Hosts hinter NAT-Geräten aufzubauen.

ctAhlers2014

Ernst Ahlers; Ersatzteil - Alt-PC zum Router umrüsten; c't Magazin für Computertechnik 2014 Heft 5, S. 96-99; ISSN 0724-8679

Der Autor beschreibt wie sich ein Windows-Rechner mit VirtualBox in wenigen Schritten zum Router mit OpenWrt umrüsten lässt, falls der existierende Zugangsrechner nicht mehr verwendbar ist.

ctKaps2014

Reiko Kaps; Schilde hoch! - Angriffen auf Router vorbeugen; c't Magazin für Computertechnik 2014 Heft 9, S. 90-91; ISSN 0724-8679

Der Autor vermittelt einige grundlegende Hinweise, die zumindest das automatisierte Ausnutzen von Schwachstellen in Routern erschweren können.

ctKGEAPM2014

Julian Kirsch, Christian Grothoff, Monika Ermert, Jacob Appelbaum, Laura Poitras, Henrik Moltke; TCP Stealth vs. Five Eyes - Mit Technik gegen staatliche Geheimdienst-Botnetze; c't Magazin für Computertechnik 2014 Heft 22, S. 170-173; ISSN 0724-8679

Die Autoren beschreiben kurz die Wirkungsweise von TCP-Stealth und wie der Linux-Kernel damit ergänzt werden kann.

ctLindner2014

Felix 'FX' Lindner; Licht aus! - Sicherheit kritischer Infrastrukturen im Test; c't Magazin für Computertechnik 2014 Heft 9, S. 150-155; ISSN 0724-8679

ctRudl2014

Tomas Rudl; Finden ohne Suche - Bonjour konfiguriert und findet Geräte im Netz; c't Magazin für Computertechnik 2014 Heft 15, S. 162-165; ISSN 0724-8679

Dieser Artikel führt kurz und verständlich in das Protokoll *Bonjour* für die automatische Netzwerk-Konfiguration ein.

ctSchmidt2006

Jürgen Schmidt; Der Lochtrick - Wie Skype & Co. Firewalls umgehen; c't Magazin für Computertechnik 2006 Heft 17, S. 142ff; ISSN 0724-8679

Der Autor beschreibt anschaulich das "UDP hole punching" bei NAT-Geräten und zeigt, wie man das Prinzip mit einfachen Mitteln selbst ausprobieren kann.

ctSchoeler2014

Timo Schöler; Gemächliche Revolution - iptables Nachfolger für Linux; c't Magazin für Computertechnik 2014 Heft 5, S. 106-109; ISSN 0724-8679

Dieser Artikel stellt das neue Firewall-Framework für Linux *nftables* kurz vor, hilft bei ersten Schritten und verweist für weitergehende Informationen auf geeignete Onlinequellen.

ctSKL2012

Christian Schneider, Martina Kannen, Martin Leischner; Bringdienst - IPv6 Autokonfiguration für Clients; c't Magazin für Computertechnik 2012 Heff 11, S. 72-76

Die Autoren erläutern mehrere Verfahren der IPv6-Autokonfiguration von Clients und berichten über den Stand der Unterstützung verschiedener Client Betriebssysteme von 2012. Vom Thema dieses Buches her ist die Erläuterung der Verfahren interessant.

FoSriKe2005

Bryan Ford, Pyda Srisuresh, Dan Kegel; Peer-to-Peer Communication Across Network Address Translators; Proceedings of the USENIX Annual Technical Conference (Anaheim, CA), April 2005, S.179-192

Die Autoren fassen die verschiedenen Verfahren, um direkte UDP- und TCP-Verbindungen über NAT-Geräte aufzubauen, zusammen und gehen auch auf die Eigenschaften von P2P-freundlichen NAT-Geräten ein.

ixGK2014

Christian Grothoff, Julian Kirsch; Gut verschlossen - Unsichtbare Server mit TCP Stealth; iX Magazin für professionelle Informationstechnik 2014 Heft 10, S.136-138; ISSN 0935-9680

Die Autoren beschreiben die von ihnen entwickelte, mit dem TCP-Standard kompatible Erweiterung, die es erlaubt, bereits das erste Datenpaket einer TCP-Verbindung zu authentifizieren und damit die Entdeckung von durch TCP Stealth geschützten Diensten durch Portscans zu vereiteln.

ixPlura2014

Michael Plura; Zutritt verboten - Freie Firewall-Appliance pfSense 2.1; iX Magazin für professionelle Informationstechnik 2014 Heft 5, S.100-105; ISSN 0935-9680

Der Autor beschreibt die auf FreeBSD aufsetzende Firewall pfSense, die nicht nur Paketfilter ist, sondern zu einer vollwertigen Firewall ausgebaut werden kann. Auf X86-Systemen ist sie damit mehr als eine Alternative zum Paketfilter von OpenWrt.

ixStrobel2014

Stefan Strobel; Abwehrstrategien - Technische Ansätze zum Schutz vor APTs; iX Magazin für professionelle Informationstechnik 2014 Heft 2, S. 109-111; ISSN 0935-9680

Der Autor gibt einen Überblick über technische Ansätze, um Advanced Persistent Threats zu begegnen. Ein Paketfilter findet dabei seinen Platz bei den klassischen Ansätzen am Übergang zwischen verschiedenen Netzen.

ixWegener2013

Christoph Wegener; Breit gefasst - Monitoring nach der Einführung von IPv6; iX Magazin für professionelle Informationstechnik 2013 Heft 3, S. 114-118; ISSN 0935-9680

Der Autor geht auf einige Besonderheiten ein, die sich beim Monitoring nach der Einführung von IPv6 ergeben.

Online-Qellen

BSI Grundschatz

https://www.bsi.bund.de/DE/Themen/ITGrundschutz/itgrundschutz_node.html
Aufgerufen: 2016-11-10

Der vom Bundesamt für Sicherheit in der Informationstechnik entwickelte IT-Grundschutz hilft, notwendige Sicherheitsmaßnahmen zu identifizieren und umzusetzen. Für die Risikoanalyse ist insbesondere der BSI-Standard 100-3 "Risikoanalyse auf der Basis von IT-Grundschutz" interessant, für die Einarbeitung in das Thema der BSI-Standard 100-2 "IT-Grundschutz-Vorgehensweise", die beide über den Link IT-Grundschutz-Standards zu finden sind.

Secure use of iptables and connection tracking helpers

https://home.regit.org/netfilter-en/secure-use-of-helpers/ Aufgerufen: 2016-11-22

Die Autoren geben Hinweise auf Fallstricke beim Einsatz von Iptables Session-Helpern für das Tracking von Protokollen wie FTP oder SIP.

Firewall configuration (OpenWrt Wiki)

https://wiki.openwrt.org/doc/uci/firewall
Aufgerufen: 2016-08-13

Die Wiki-Seite zur Firewall-Konfiguration gibt detaillierte Hinweise insbesondere zur Konfiguration mit UCI. Viele Details, die in diesem Buch keinen Platz gefunden haben, finden sich dort.

Netfilter/Nftables (OpenWrt-Wiki)

https://wiki.openwrt.org/doc/howto/netfilter Aufgerufen: 2016-11-22

Die Seite zu den Netfilter-Modulen mit weiteren Hinweisen und etlichen externen Referenzen.

nftables (OpenWrt-Wiki)

https://wiki.openwrt.org/doc/howto/nftables Aufgerufen: 2016-11-10

Nftables ist der Nachfolger von Netfilter, der Grundlage dieses Buches. Auf dieser Wiki-Seite finden sich Hinweise zum Stand der Integration von nftables in OpenWrt sowie Verweise zu weiteren Informationen.

Table of Hardware (OpenWrt-Wiki)

https://wiki.openwrt.org/toh/start Aufgerufen: 2016-08-13

Auf dieser Seite findet man einen Überblick, welche Hardware von OpenWrt unterstützt wird und vor allem wie gut. Bevor ich ein Gerät für den Einsatz mit OpenWrt kaufe, schaue ich immer erst hier herein.

Comparison of firewalls (Wikipedia)

https://en.wikipedia.org/wiki/Comparison_of_firewalls Aufgerufen: 2016-08-13

Diese Seite eignet sich als Einstiegspunkt für die Suche nach Alternativen zu OpenWrt als Firewall. Hier finden sich sowohl proprietäre als auch Open Source Firewalls.

List of router and firewall distributions (Wikipedia)

https://en.wikipedia.org/wiki/List_of_router_and_firewall_distributions Aufgerufen: 2016-08-13

Ein weiterer Einstiegspunkt für die Suche nach Alternativen zu OpenWrt. Das ist eine Liste von Betriebssystemen (Distributionen) für den Einsatz von Computern als Router oder Firewall. Die meisten dieser Betriebssysteme basieren auf Linux oder BSD.

RFC - Requests for Comment

RFCs bilden die Grundlage für die Internet-Standards. Traditionell werden RFC von der Internet Engineering Task Force (IETF) herausgegeben.

Ein Verzeichnis aller RFC ist unter http://tools.ietf.org/rfc/index zu finden.

RFC 768

User Datagram Protocol

Dieser RFC von 1980 ist die noch heute gültige Beschreibung dieses Protokolls.

RFC 791

INTERNET PROTOCOL
DARPA INTERNET PROGRAM
PROTOCOL SPECIFICATION

Die Beschreibung des heute als IPv4 bekannten Internet Standards wurde durch die RFCs 2474 und 6864 aktualisiert und ergänzt.

RFC 792

INTERNET CONTROL MESSAGE PROTOCOL
DARPA INTERNET PROGRAM
PROTOCOL SPECIFICATION

Dieser Internet Standard wurde durch die RFCs 950, 4884, 6633 und 6918 aktualisiert und ergänzt.

RFC 793

TRANSMISSION CONTROL PROTOCOL
DARPA INTERNET PROGRAM
PROTOCOL SPECIFICATION

Dieser Internet Standard wurde unter anderem durch die RFCs 1122, 3168 und 6093 aktualisiert und ergänzt.

RFC 826

An Ethernet Address Resolution Protocol
– or –
Converting Network Protocol Addresses
to 48.bit Ethernet Address
for Transmission on
Ethernet Hardware

Normalerweise muss ich mich bei einem Paketfilter nicht mit dem ARP-Protokoll, das dieser RFC beschreibt, beschäftigen. Ausnahmen sind Paketfilter, die nicht als Router sondern als Bridge betrieben werden.

RFC 894

A Standard for the Transmission of IP Datagrams over Ethernet Networks

Dieser RFC beschreibt, wie IP-Pakete in Ethernet-Frames eingekapselt werden.

RFC 950

Internet Standard Subnetting Procedure

Dieser Internet Standard beschreibt das Aufteilen von Netzen in Teilnetze.

RFC 6918 aktualisiert und ergänzt diesen RFC.

RFC 1042

A Standard for the Transmission of IP Datagrams over IEEE 802 Networks

Dieser Internet Standard beschreibt, wie IP-Pakete in IEEE 802 Netzwerke eingekapselt werden, ähnlich wie RFC 894 für Ethernet. Die IEEE 802 Spezifikationen beschreiben eine Familie von LAN Protokollen, die sich mit den OSI-Schichten 1 und 2 beschäftigen.

RFC 1112

Host Extensions for IP Multicasting

Dieser Internet Standard die notwendigen Ergänzungen der IP-Implementation eines Hosts, damit dieser am Multicasting teilnehmen kann.

RFC 2236 aktualisiert und ergänzt diesen RFC.

RFC 1122

Requirements for Internet Hosts – Communication Layers

Dieser Internet Standard beschreibt die Anforderungen an Internet Host Software bezüglich der OSI-Schichten 1 bis 4. Die Anforderungen bezüglich der OSI-Schichten 5 bis 7 behandelt RFC 1123.

Das Verständnis der Anforderungen dieses RFCs ist fundamental, wenn man beim Betrieb einer Paketfilter-Firewall den erlaubten Datenverkehr nicht behindern will.

Die RFCs 4379, 6093, 6633 und 6864 aktualisieren und ergänzen RFC 1122.

RFC 1123

Requirements for Internet Hosts – Application and Support

Dieser Internet Standard beschreibt einige Anwendungsprotokolle, wie zum Beispiel FTP, TFTP, SMTP, DNS.

Für den Betrieb einer Paketfilter-Firewall ist deren Kenntnis nur dann notwendig, wenn ihr Datenverkehr darüber läuft. In diesem Fall kann dieses RFC als Einstieg in die Vertiefung mit dem betreffenden Protokoll dienen.

Die RFCs 2181 und 5966 aktualisieren und ergänzen diesen RFC.

RFC 1858

Security Considerations for IP Fragment Filtering

IP-Fragmentierung kann verwendet werden, um TCP-Pakete vor den Paketfiltern in Routern und Hosts zu verschleiern. Dieser RFC beschreibt zwei Angriffsmethoden und Abhilfen dagegen.

RFC 3128 aktualisiert und ergänzt diesen RFC.

RFC 1883 (obsolet durch RFC 2460)

Internet Protocol, Version 6 (IPv6) Specification

Dieser ehemalige Proposed Standard von 1995 ist nur noch von historischem Interesse.

RFC 2460 beschreibt den aktuellen Draft Standard für IPv6.

RFC 1885 (obsolet durch RFC 2463 und 4443)

Internet Control Message Protocol (ICMPv6) for the Internet Protocol Version 6 (IPv6) Specification

Dieser ehemalige Proposed Standard von 1995 ist nur noch von historischem Interesse.

RFC 4443 beschreibt den aktuellen Draft Standard für ICMPv6.

RFC 1918

Address Allocation for Private Internets

Dieser RFC beschreibt die Verwendung der Adressbereiche 10/8, 172.16/12 und 192.168/16 für private, nicht direkt mit dem Internet verbundene IPv4-Netzwerke.

RFC 2003

IP Encapsulation within IP

Dieses Dokument von 1996 beschreibt die Kapselung von IPv4-Datagrammen in IPv4-Datagrammen. Damit können generische Tunnel zwischen zwei Netzen aufgebaut werden.

RFC 2131

Dynamic Host Configuration Protocol

DHCP stellt eine Grundstruktur bereit um Konfigurationsinformationen für Hosts in einem IP-Netzwerk zu verbreiten.

RFC 2181

Clarifications to the DNS Specification

Aus dem Blickwinkel der Paketfilter-Firewall ist an diesem RFC der Punkt 4 "Server Reply Source Address Selection" interessant.

RFC 2236

Internet Group Management Protocol, Version 2

Dieser RFC interessiert nur, falls noch IGMP in Version 2 im Netz verwendet wird. Aus dem Blickwinkel der Paketfilter-Firewall sind an diesem RFC die Punkte 9. "Message destinations" und 10. "Security Considerations" interessant.

RFC 3376 beschreibt die Version 3 dieses Protokolls.

RFC 2460

Internet Protocol, Version 6 (IPv6) Specification

Dieser Draft Standard von 1998 beschreibt IPv6.

Die RFCs 5095, 5722, 6437, 7045 und 7112 aktualisieren und ergänzen diesen RFC.

RFC 2463 (obsolet durch RFC 4443)

Internet Control Message Protocol (ICMPv6) for the Internet Protocol Version 6 (IPv6) Specification

Dieser ehemalige Draft Standard von 1998 ist nur noch von historischem Interesse.

RFC 4443 beschreibt den aktuellen Draft Standard für ICMPv6.

RFC 2464

Transmission of IPv6 Packets over Ethernet Networks

Dieser Proposed Standard beschreibt den Transport von IPv6 über Ethernet, so wie RFC 894 für IPv4. Neben dem Frame-Format geht er unter anderem auf Stateless Autoconfiguration, link-lokale Adressen und Address Mapping für Multicast ein.

RFC 2474

Definition of the Differentiated Services Field (DS Field) in the IPv4 and IPv6 Headers

Das Differentiated Services Field ist für Paketfilter wichtig, wenn diese zur Unterstützung von QoS herangezogen werden.

Die RFCs 3168 und 3260 aktualisieren und ergänzen diesen RFC.

RFC 2663

IP Network Address Translator (NAT) Terminology and Considerations

Das Motiv für diesen RFC ist, Klarheit in einige Begriffe zu bringen, die in Verbindung mit Netzwerk-Adressübersetzern verwendet werden.

RFC 2784

Generic Routing Encapsulation (GRE)

Das ist ein Versuch, einen einfachen, allgemeinen Mechanismus für die Kapselung eines Protokolls in einem anderen bereitzustellen.

RFC 2894

Router Renumbering for IPv6

Dieses Dokument definiert Mechanismen um eine Reihe von Routern über Netzumnummerierungen zu informieren. Das will ich definitiv nur von vertrauenswürdigen Knoten aus übertragen.

RFC 3027

Protocol Complications with the IP Network Address Translator

Dieser informatorische RFC von 2001 zeigt einige Probleme mit NAT auf identifiziert Protokolle, die durch NAT gestört werden.

RFC 3128

Protection Against a Variant of the Tiny Fragment Attack

Paketfilter, die konform zu RFC 1858 eingestellt sind, können für eine Variante eines der dort beschriebenen Angriffes anfällig sein. Dieses RFC beschreibt diese Angriffsvariante und empfiehlt Maßnahmen zur Abhilfe.

RFC 3168

The Addition of Explicit Congestion Notification (ECN) to IP

ECN ist ein Verfahren, dass die traditionellen Verfahren zur Bestimmung der aktuell verfügbaren Bandbreite bei TCP auf dem Weg vom Sender zum Empfänger unterstützen soll.

Dieses RFC liefert die nötigen Informationen, um einen Paketfilter so aufzusetzen, dass er ECN nicht behindert.

Die RFCs 4301 und 6040 aktualisieren und ergänzen diesen RFC.

RFC 3260

New Terminology and Clarifications for Diffserv

Die Diffserv Working Group beschäftigt sich mit Differentiated Services. Dieses RFC klärt einige Begriffe und hilft beim Verständnis der anderen RFCs.

RFC 3376

Internet Group Management Protocol, Version 3

Aus dem Blickwinkel eines Paketfilters sind die Abschnitte 4. "Message Formats" und 6. "Description of the Protocol for Multicast Routers" interessant. Neben diesen sind noch die Abschnitte 9 und 10 aus RFC 2236 (IGMP v2) empfehlenswert.

RFC 4213

Basic Transition Mechanisms for IPv6 Hosts and Routers

Dieses Dokument beschreibt zwei Kompatibilitätsmechanismen für IPv6-Hosts oder -Router. Der eine Mechanismus ist Dual Stack, der andere die Kapselung von IPv6-Datagrammen in IPv4-Datagrammen ähnlich der in RFC 2003 für das Tunneln von IPv4 in IPv4 beschriebenen.

RFC 4301

Security Architecture for the Internet Protocol

Dieser RFC spezifiziert die grundlegende Architektur von IPsec-konformen Systemen. Wenn IPsec eingesetzt wird, bietet dieser RFC einen guten Einstieg.

RFC 6040 aktualisiert und ergänzt diesen RFC.

RFC 4379

Detecting Multi-Protocol Label Switched (MPLS) Data Plane Failures

Dieser RFC ist eher interessant, wenn man MPLS einsetzt und die Paketfilter darauf abstimmen will.

RFC 4380

Teredo: Tunneling IPv6 over UDP through Network Address Translations (NATs)

Teredo ist ein älterer Mechanismus für das Tunneln von IPv6 Datenverkehr über IPv4-Netze. Es ist für den Firewall-Administrator aus zwei Gründen interessant: einerseits ist es ein Tunnel-Protokoll, das Daten von IPv6 in IPv4-Datagrammen kapselt und andererseits ist es zumindest in einigen Fällen in der Lage direkte Verbindungen über NAT-Geräte herzustellen.

RFC 4443

Internet Control Message Protocol (ICMPv6) for the Internet Protocol Version 6 (IPv6) Specification

Dieser Draft Standard von 2006 beschreibt die aktuelle Version von ICMPv6. Da ICMPv6 mehr Aufgaben wahrnimmt, als ICMP bei IPv4 ist es für den Betrieb eines Paketfilters für IPv6 unverzichtbar, sich damit vertraut zu machen.

RFC 4884 aktualisiert und ergänzt diesen RFC.

RFC 4884

Extended ICMP to Support Multi-Part Messages

Einige ICMP-Nachrichten, die sich auf andere Datenpakete beziehen, wie zum Beispiel "Destination Unreachable", zitieren am Ende die ersten Bytes des Datenpaketes, auf die sich die ICMP-Nachricht bezieht. Es gibt kein Feld, das die Länge dieses zitierten Datenpakets angibt, so dass man die ICMP-Nachricht nicht durch Anfügen weiterer Felder erweitern kann.

Dieser Proposed Standard beschreibt ein Verfahren, mit dem man auch diese ICMP-Nachrichten erweitern kann.

RFC 4890

Recommendations for Filtering ICMPv6 Messages in Firewalls

Dieser RFC trägt hilfreiche Hinweise zum Filtern von ICMPv6-Nachrichten zusammen. Die Nachrichten werden klassifiziert, Überlegungen zur Sicherheit werden dargelegt und schließlich konkrete Empfehlungen ausgesprochen.

RFC 5095

Deprecation of Type 0 Routing Headers in IPv6

IPv6 wird mit Extension Headers erweitert. Einer dieser Extension Headers heißt "Routing Header". Ein bestimmter Typ des Routing Headers (Type 0) kann zu DoS-Angriffen verwendet werden.

Dieser Proposed Standard beschreibt das Problem ausführlich und erläutert, wie man damit am besten - insbesondere bei einem Paketfilter - umgeht.

RFC 5128

State of Peer-to-Peer (P2P) Communication across Network Address Translators (NATs)

Dieser informatorische RFC von 2008 dokumentiert verschiedene Methoden um direkte Kommunikation über NAT-Geräte zu ermöglichen.

RFC 5227

IPv4 Address Conflict Detection

Dieser Proposed Standard beschreibt, wie bei IPv4 Adresskonflikte entdeckt werden können. Das Verfahren macht extensiven Gebrauch von ARP.

Für Paketfilter, die als Router arbeiten, ist das eher nicht von Belang. Bei Paketfiltern, die als Bridge arbeiten, ist es wichtig, den Mechanismus zu verstehen, um die doppelte Vergabe von IP-Adressen zu entdecken. Beziehungsweise, falls auf beiden Seiten der Bridge eine IP-Adresse von unterschiedlichen Hosts bedient werden soll, kann man aus diesem RFC ableiten, wie das ermöglicht werden kann.

RFC 5389

Session Traversal Utilities for NAT (STUN)

STUN ist ein Protokoll, das anderen Protokollen als Werkzeug dienen kann, um NAT zu traversieren. Das ist eine Weiterentwicklung des originalen STUN RFCs (3489), der einige Probleme aufwies.

RFC 5722

Handling of Overlapping IPv6 Fragments

Die Empfehlungen aus RFC 1858 zu fragmentierten Datenpaketen bei IPv4 können leider nicht exakt für IPv6 übernommen werden. Dieser Proposed Standard erläutert das Problem und verbietet überlappende Fragmente bei IPv6.

RFC 5966

DNS Transport over TCP - Implementation Requirements

Abschnitt 7. "Security Considerations" ist relevant für Paketfilter.

RFC 6040

Tunnelling of Explicit Congestion Notification

Dieser Proposed Standard erläutert die Nutzung von ECN über Tunnel-Verbindungen.

RFC 6093

On the Implementation of the TCP Urgent Mechanism

Mit dem TCP Urgent Mechanism ist es möglich, in einer bestehenden Datenverbindung Out-of-Band-Daten zu senden. Die Protokolle Telnet und FTP zum Beispiel machen davon Gebrauch. In einem Artikel des Magazins Phrack (Ausgabe 57, Datei 3) ist beschrieben, wie man diesen Mechanismus nutzen kann um Network Intrusion Detection Systems (NIDS) zu verwirren.

Dieser Proposed Standard erläutert das Problem und die Auswirkungen von Lösungsansätzen.

RFC 6437

IPv6 Flow Label Specification

Vom Standpunkt eines Paketfilters ist insbesondere Abschnitt 6. "Security Considerations" interessant. Zum Beispiel kann das Flow Label als verdeckter Datenkanal verwendet werden.

RFC 6633

Deprecation of ICMP Source Quench Messages

ICMP Source Quench Messages gehören zu den ICMP-Nachrichten, die bedenkenlos an einem Paketfilter verworfen werden können, wenn sie überhaupt noch auftauchen. Dieser Proposed Standard lehnt sie formell ab.

RFC 6864

Updated Specification of the IPv4 ID Field

Das IPv4-ID-Feld ermöglicht das Fragmentieren und Zusammensetzen von Datenpaketen.

Dieser Proposed Standard erläutert Probleme mit der traditionellen Definition und Verwendung dieses Feldes in modernen Netzen und schlägt eine geänderte Nutzung vor. Insbesondere Abschnitt 5.3 "Impact on Middleboxes" ist für Paketfilter mit NAT von Belang.

RFC 6918

Formally Deprecating Some ICMPv4 Message Types

Dieser Proposed Standard missbilligt einige ICMPv4 Nachrichten formell. Für den Paketfilter heißt das, dass diese Nachrichten verworfen werden können.

RFC 7045

Transmission and Processing of IPv6 Extension Headers

Dieser Proposed Standard diskutiert das Verhalten von Hosts und Middleboxes (zum Beispiel Paketfilter) gegenüber Standard Extension Headers und gegenüber experimentellen oder kürzlich standardisierten Extension Headers.

RFC 7112

Implications of Oversized IPv6 Header Chains

IPv6 erlaubt Headerketten von beliebiger Größe.

Dieser Proposed Standard diskutiert die Interoperabilität und Sicherheitsprobleme bei Datenpaketen mit übermäßig langen Headerketten.

Kolophon

Dieses Buch ist im Markdown-Format mit Erweiterungen von Leanpub geschrieben. Daraus wurden die PDF-, EPUB- und MOBI-Versionen erzeugt.

Die Diagramme für die Datenpakete im Kapitel über IPv4 habe ich mit ditaa[14] erstellt.

Die Graphen im Kapitel zum Modell der Firewall-Regeln habe ich ursprünglich mit iptables2dot[15] aus Backups der Firewall-Regeln mit `iptables-save` erzeugt, dann mit dem Editor etwas nachbearbeitet und schließlich mit dem Programm `dot` von GraphViz[16] in eine PNG-Datei für das Buch umgewandelt.

Das Titelbild ist von einer Zeichnung gescannt, mit Inkscape[17] vektorisiert und in passender Auflösung als Rastergraphik exportiert. Die gesamte Titelseite ist mit GIMP[18] erstellt.

---

[14]http://ditaa.sourceforge.net/

[15]http://search.cpan.org/~mamawe/App-Iptables2Dot/

[16]http://www.graphviz.org/

[17]https://inkscape.org/de/

[18]https://www.gimp.org/

Index

K

www.ingramcontent.com/pod-product-compliance
Lightning Source LLC
Chambersburg PA
CBHW080406060326

40689CB00019B/4147